NGC6543

22222°

文・圖 **Kuroro 地球總部**

審定 **林士傑** 獸醫師

你知道嗎？在距離地球3000光年的 NGC-6543（貓眼星雲）上，有一個神祕科學機構——貓科學部，那裡聚集了一群身懷絕技、稀奇古怪的黑貓，他們都有個名字叫做「Kuroro 」。很久很久以前， Kuroro 就一直默默研究著喵星人與地球人的互動。

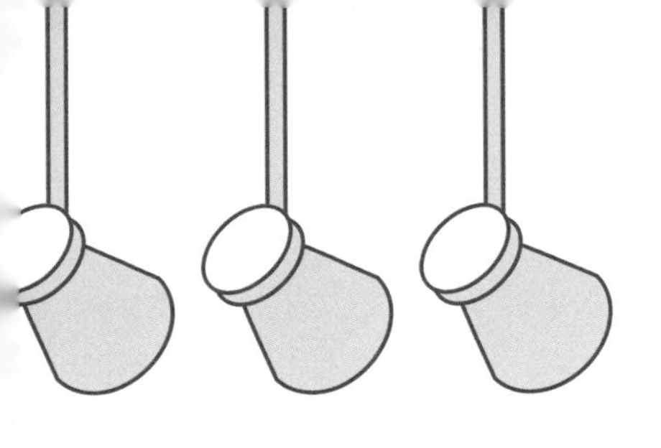

現在地球特派員 Kuroro 22222號就正在他專屬的化妝室讀著來自各地的信件……嘿嘿！看來大家都被貓咪那些「古怪、摸不著頭緒」的行為舉止，以及那身毛茸茸的外星魅力，迷得團團轉呢！究竟，貓咪們深藏著什麼有趣的故事與祕密呢？就讓 Kuroro 來告訴你吧！喵～

趕快坐好，
節目要開始了！

這是貓、這也是貓，什麼！這也是貓。貓究竟是什麼生物呢？歡迎收看本集的「不可思議的貓科學」，我是節目主持人 Kuroro 22222號。現在就打開你的耳朵，拋開你的成見與思考，一起跟貓咪科學家們揭開喵星人神祕的面紗。

目 錄

序曲：關於 Kuroro 02

使用說明 08

隱藏在喵星人身體結構的神祕科學

第1話 貓咪的眼睛其實是夜視鏡？ 10

第2話 貓鼻子的靈敏度不輸狗？ 22

第3話 貓咪耳朵學問大 34

第4話 貓咪的鬍鬚竟然有這種功能？ 46

第5話 貓咪喝水也講儀式感？ 58

休息時間 I 愛貓傳說 68

第6話 貓咪的肉球是對講機？ 70

第7話 貓咪到底能伸多長呢？ 80

第8話 液體貓可以喝嗎？ 90

第9話 貓咪打噴嚏有什麼神祕暗示嗎？ 100

第10話 貓咪為什麼喜歡磨爪子？ 110

休息時間 II 貓的吃、不吃、不能吃 122

休息一下 124

出場人物 126

如何使用這本書

快著跟著宇宙喵 Kuroro 一起打開這本既有趣又充滿奇想的書吧！一起來看看喵星人有什麼不為人知的祕密吧！

Step1

先讀 Kuroro 的觀察報告

Step2

再看地球專家
認真介紹知識

Step3

別忘了還有休息時間，
可以補充新知及實用食譜！

隱藏在喵星人
身體結構的神祕科學

粉粉的手（腳）掌、尖尖的耳朵、柔軟的身軀再加上好像能看穿一切的明亮雙眸！到底貓咪的成分是什麼啊？才能組合出這麼可愛又萌人無數的樣貌呢？地球特派員 Kuroro 現在就來為你揭曉……不過要小心喔！裡面有些觀察可是會讓你忍不住大喊：「真的假的？」

貓咪的眼睛其實是夜視鏡？

親愛的 Kuroro，我發現貓咪的眼睛在暗處就會發光耶！難道他有內建什麼神祕的照明設備？

嘿嘿！夜晚看到貓咪閃閃發亮的眼睛，是不是覺得又驚又喜又非常好奇呢？這次我們特別邀請到貓夜視科學家來幫大家解答疑惑！

貓星專家出場

個人檔案 PROFILE

貓夜視科學家

穿著詭異的小丑衣，
超深愛挖掘夜間的祕密或糗事，
因此成爲了夜間探查專家，
還主持了一個貓眼星雲的
知名脫口秀「夜間哈哈哈」。

喵星代號 Kuroro No.08870

個人特殊能力

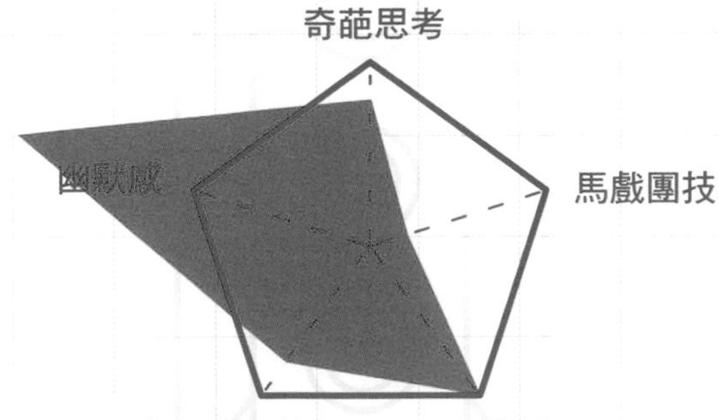

貓夜視祕密大公開

根據 Kuroro 地球觀察報告記載，貓咪在黑暗的地方視力反而更清晰喔！據說是因為貓咪的眼睛擁有獨特的構造！現在就讓我們跟著「貓夜視專家」一起來深入了解吧！

貓咪眼睛與腦部的關聯

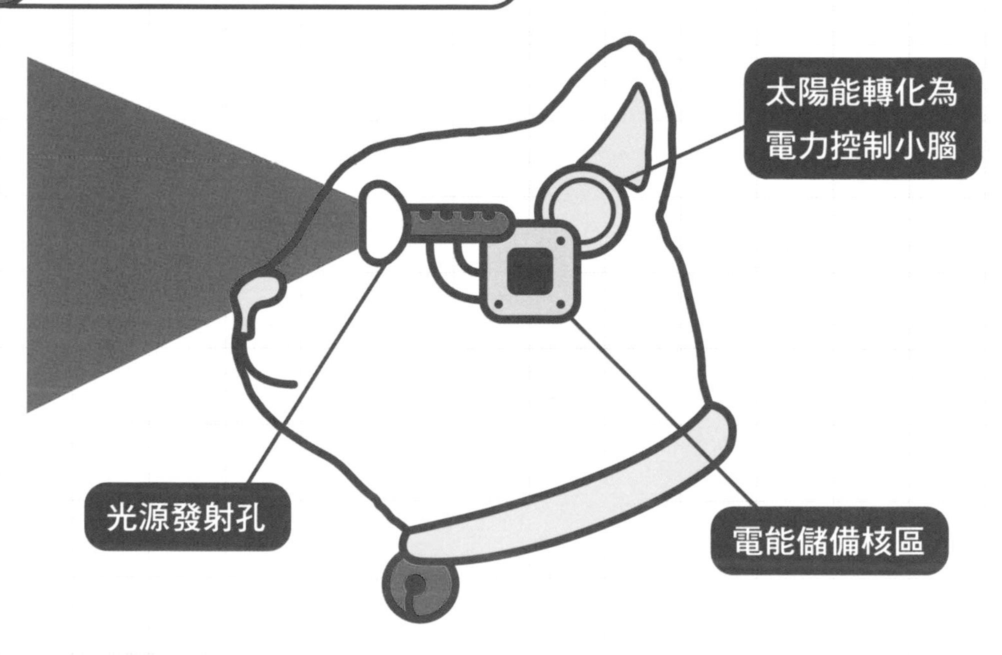

專家，人類一直很好奇我們貓咪究竟如何擁有夜視鏡呢！

這次要來聊聊，我們貓咪眼睛的特殊構造！其實貓咪眼睛很像人類發明的手電筒！

貓咪眼球的組成

貓咪的眼球從正面看和人類的差不多，都是由眼白和瞳孔組成，但是根據地球特派員 Kuroro 的調查，貓咪眼球的組成還多了一些功能唷！

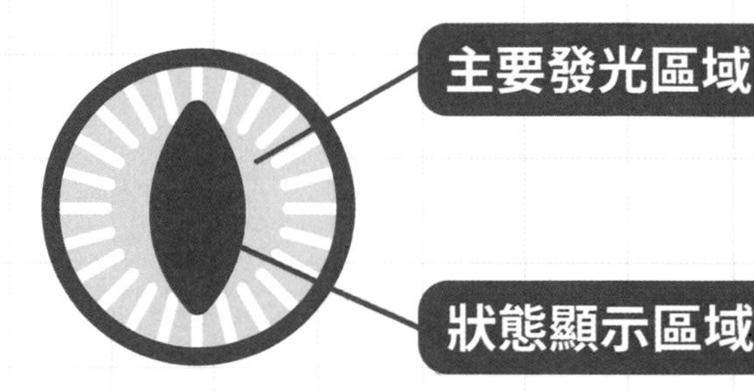

貓眼珠晶面體的構造

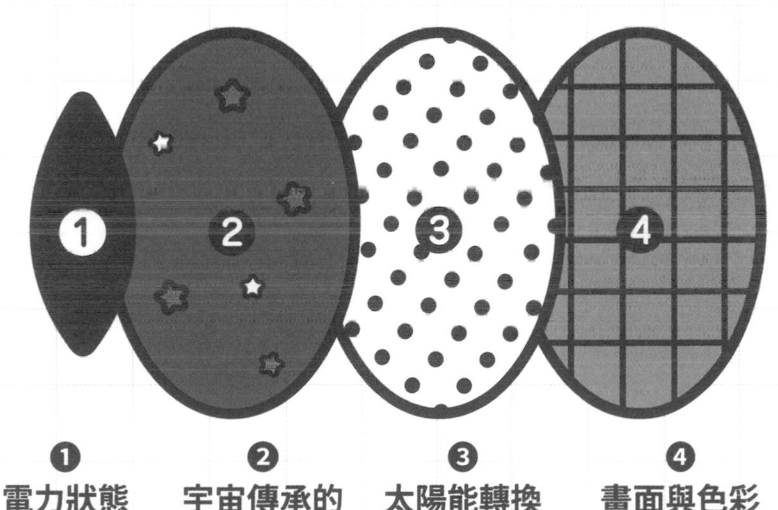

❶ 電力狀態顯示膜

❷ 宇宙傳承的神奇薄膜

❸ 太陽能轉換光線膜條

❹ 畫面與色彩讀取晶面體

好深奧啊！

我們貓咪的眼睛可是非常複雜與精密！到現在我都還在持續研究呢！

貓咪夜視鏡照明的範圍

那專家我們的夜視鏡能照亮多遠的地方呢？

大約距離10M這麼遠呢！

哇！這麼遠啊！

我最喜歡小劇場了！Kuroro 你來當主角，示範一段我們貓咪使用夜視鏡的實境秀吧！

沒問題！

使用貓夜視的時機

時機 2：突然想吃烤魚

時機 3：夜間搜查

時機 4：舞會

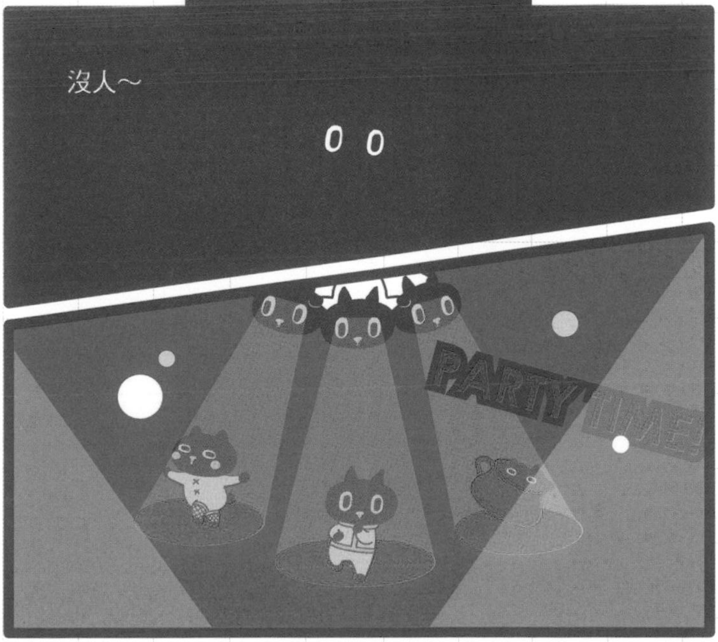

沒人～

PARTY TIME!

貓夜視鏡使用提醒

專家，地球人謠傳說我們貓夜視鏡可以像雷射光波一樣具有破壞力，我們是真的辦得到嗎？
這個嘛……我們來試試看！

啊！

喵嗚～大家還是別輕易嘗試啊！

大家可能不曉得，專家您是貓星球知名脫口秀「夜間哈哈哈」的主持人呢！

哈哈哈！是的！每天深夜3：00由我在「夜間哈哈哈」陪伴大家！

聽說專家近期還有一場現場的脫口秀演出，有門票要送給大家！

沒錯！限量10000位名額，無論你多麼不開心、還是多麼的鬱悶，只要走進「夜間哈哈哈」的脫口秀，包準每個人都煩惱哈哈的笑光光喔！

貓知識認真說

貓咪的神奇眼睛

真的假的？貓咪在黑漆漆的地方不會撞到東西，是因為牠有神奇小道具？看完了 Kuroro 對貓咪眼睛的觀察，接下來看看地球人對貓咪眼睛的研究報告吧！

像反光板一樣的「明朗毯」

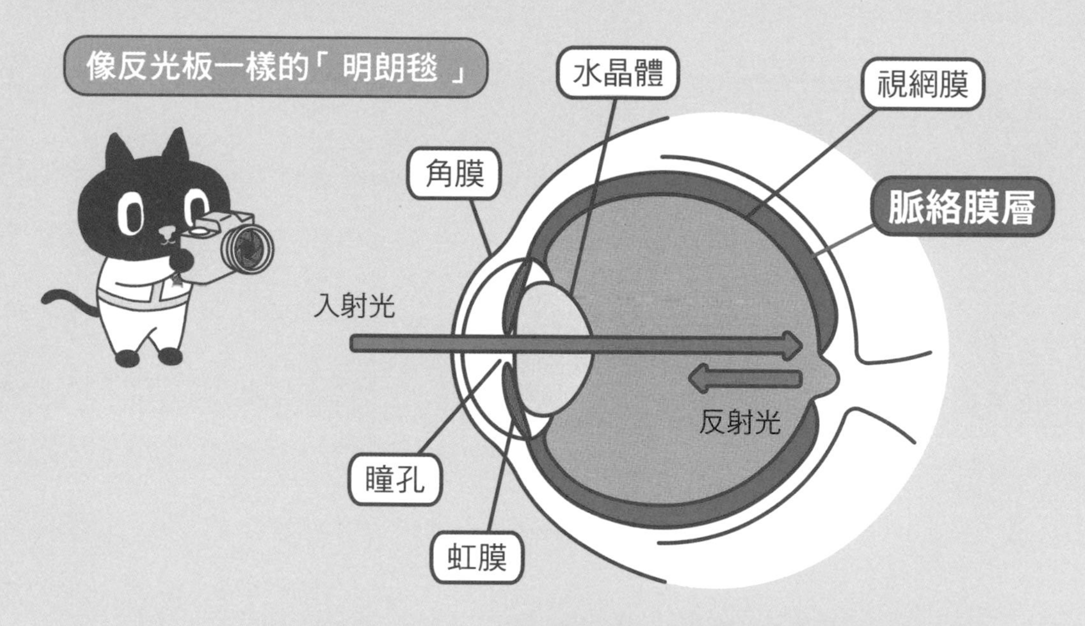

貓咪的眼睛和其他脊椎動物一樣，在視網膜上有一層稱為「脈絡膜層」的特殊薄膜狀構造（Tapetum lucidum，又名「明朗毯」，但像人類等靈長目動物沒有這個構造），能像鏡子一樣，將視網膜的光線反射回去，再投射在視網膜上。原理很像拍照用的反光板，能幫助動物們得以在只有月光、星光等微弱光線的夜間環境，也能看得一清二楚。

超級多的感光細胞

貓咪眼睛的感光細胞超多，大約是人類的 6～8 倍。因此在微弱光線的地方，可以看得比人更清楚，彷彿戴了夜視鏡。

瞳孔像光圈

貓咪的瞳孔就像相機的光圈一樣，可以變大變小、控制光線進入眼睛的量。貓咪在夜晚時，瞳孔擴張的程度也比人類要高出許多，所以才能在夜晚有超強視力，而且圓圓大眼超級可愛。

情緒波動，瞳孔放大

除了光線會影響動物眼睛的大小，當情緒波動時，瞳孔也會發生變化，因而這樣的觀察也被用至測謊上發現，人類說謊時，瞳孔會放大。難怪有人說：「眼睛會說話！」

貓眼睛可以當時鐘？

貓咪瞳孔會隨著光線變化而收放自如，這種特殊的生理現象過去曾被日本忍者當作判斷時間的方法。因為在手錶和時鐘還沒有發明的古代日本，曾經流傳著這樣的一句口訣：「六時圓，五七如卵，四八似柿之核，九時如針。」看看字面的描述，再對照一下圖中貓瞳孔形狀和時刻的對應，還真的很有道理呢！

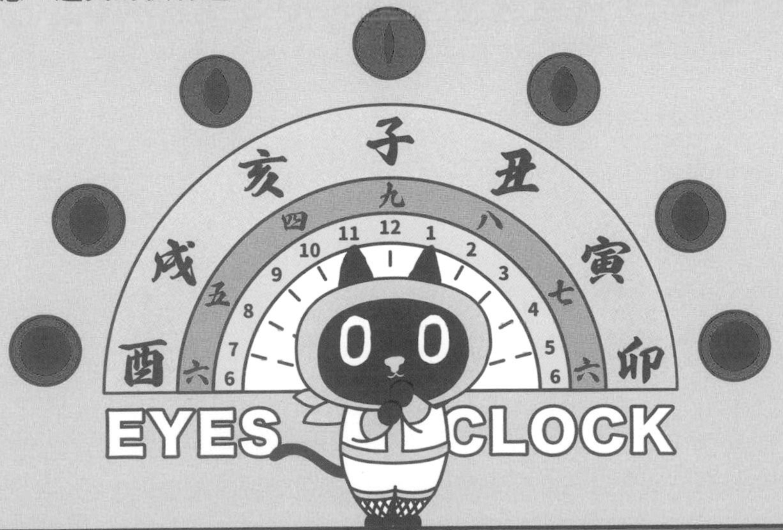

貓鼻子的靈敏度不輸狗？

親愛的 Kuroro，貓咪的鼻子是不是真的很厲害啊！常常我才剛扛新的飼料回家準備開門，我們家的貓咪就已經在門裡喵喵叫等放飯啦！

當然呀！我們貓咪的小鼻子裡，除了超級靈敏外還藏著許多奧祕喔！就讓貓嗅覺科學家來為大家深入介紹！

貓星專家出場

個人檔案 PROFILE

貓嗅覺科學家

總戴著造型像奶嘴的防毒面罩，
專長是研究各類氣息。
除此之外，還是暢銷小說家，
曾撰寫過《味什麼呢》、
《氣味貓哲學》、
《我對鼻子的50個觀察》等著作。

喵星代號 Kuroro No.02929

個人特殊能力

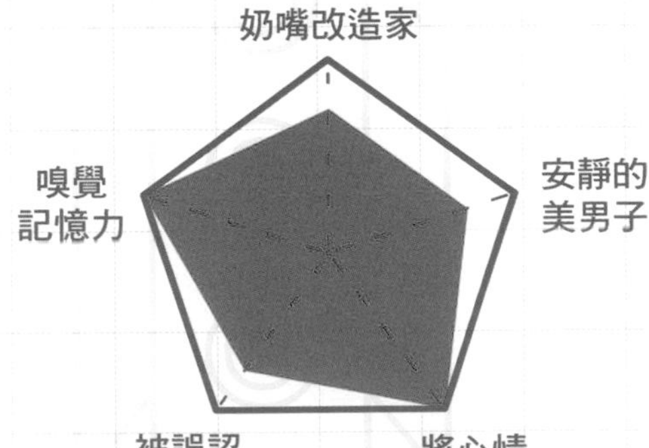

貓鼻子的祕密

根據地球特派員 Kuroro 的觀察，很多人類都喜歡「欣賞」貓咪的鼻頭，不管是什麼顏色、什麼形狀，都非常迷人！但卻很少人了解貓咪鼻子的祕密喔！例如：貓咪的嗅覺非常靈敏，還有世界上不會有兩隻貓的鼻子長得一模一樣等。現在就和貓嗅覺科學家一起來看看吧！

貓咪記憶氣味的方式

貓鼻子約有6700萬個嗅細胞，嗅覺雖比不上狗狗，但我們還是能靠鼻子做很多事情喔！例如……

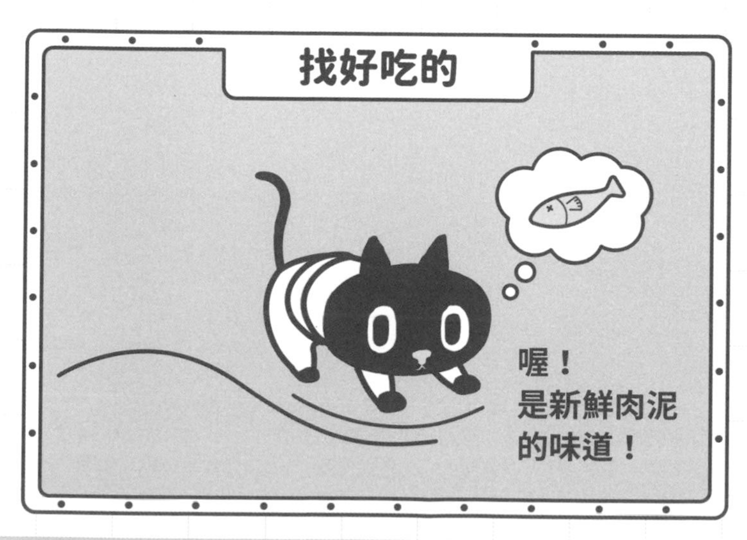

肚子餓時我們會透過敏銳的鼻子，判斷食物是否新鮮？合不合乎自己的胃口。

每種生物或物品都擁有獨特的氣味，我們貓咪會透過這些氣味來分辨並認識對方！

透過對方毛髮散發出來的微弱氣味，分辨對方吃過什麼東西！

一些天賦異稟的貓咪還能透過「再開發嗅覺」的特殊技能，來聞出對方的運勢好壞！

貓咪記憶氣味的方式

實在太神奇了！
世界上這麼多味道我們是怎麼記住的呢？

我們貓咪鼻子裡的嗅細胞，每天都會透過嘴巴裡的小隧道把讀取到的味道，傳送到我們腦袋裡的「嗅覺資料庫」。而這個小隧道還有個專業的名詞叫做「犁鼻器」。

犁鼻器長得像兩個小小的洞口，
就藏在我們嘴巴裡靠近前齒的位置。
每當貓咪聞東西的時候，會下意識將嘴巴張開，
其實就是犁鼻器正在工作喔！

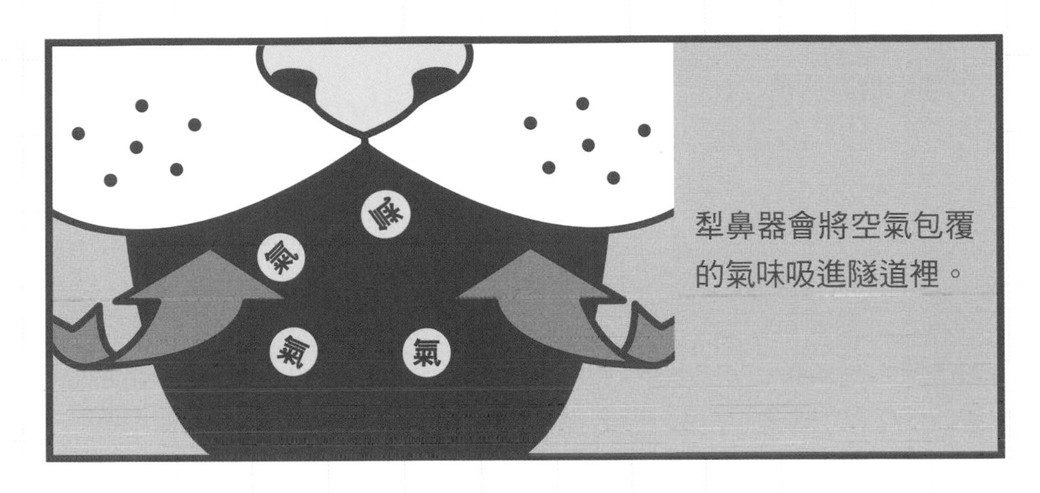
氣
氣
氣
氣
犁鼻器會將空氣包覆
的氣味吸進隧道裡。

接下來負責分類氣味的
嗅細胞們，會將分類好
的氣味運送到腦袋的
「嗅覺資料庫」中！

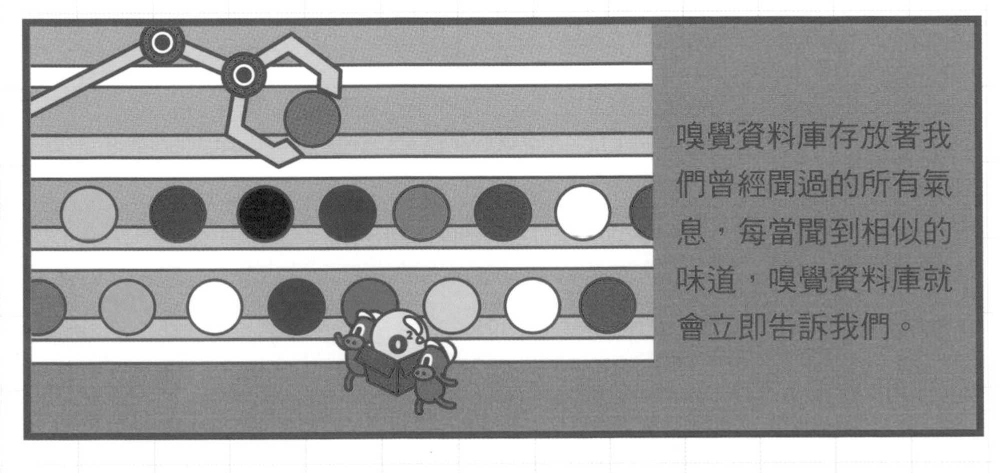
嗅覺資料庫存放著我
們曾經聞過的所有氣
息，每當聞到相似的
味道，嗅覺資料庫就
會立即告訴我們。

太酷了！好想參觀我自己的嗅覺資料庫喔！

嗅覺資料庫還有一些研發中的特別功能，例如以下這張圖……

咦，這個氣息為什麼會被鎖住呢？

這就要回溯我們嗅覺資料庫一位研究夥伴的慘痛經驗了……

突如其來的神祕味道，導致他的嗅覺資料庫失控了，嗅細胞因此無法工作！最後待在貓星醫院躺了整整五天才康復呢！

天哪！專家，難怪你要戴防毒面具，甚至還要把這些味道鎖住！

沒錯，要避免研究過程中不慎吸入
大量味道，導致嗅覺資料庫失靈！

好好奇那是
什麼感覺？

要不然～～～
你來試試吧！

這……這味道！實在太
神祕了……我覺得我也
聞不到其他氣味了……

多款花色任選

專家，聽說你開發了能讓臭味瞬間消失的發明？

哇！你消息真靈通！這是成分特別黏人味道的剋星喔！那些臭味常常久久無法消散，真是太可怕啦！

真的！那那那……要怎麼使用？

呵呵呵，只要輕輕按一下「臭味走走槍」，效果立見！

貓知識認真說

用味道來溝通？

真的假的？沒想到貓咪小小的鼻子，居然可以做這麼多事！看完地球特派員 Kuroro 的觀察報告，也來看看人類對貓咪鼻子的研究有什麼發現吧！

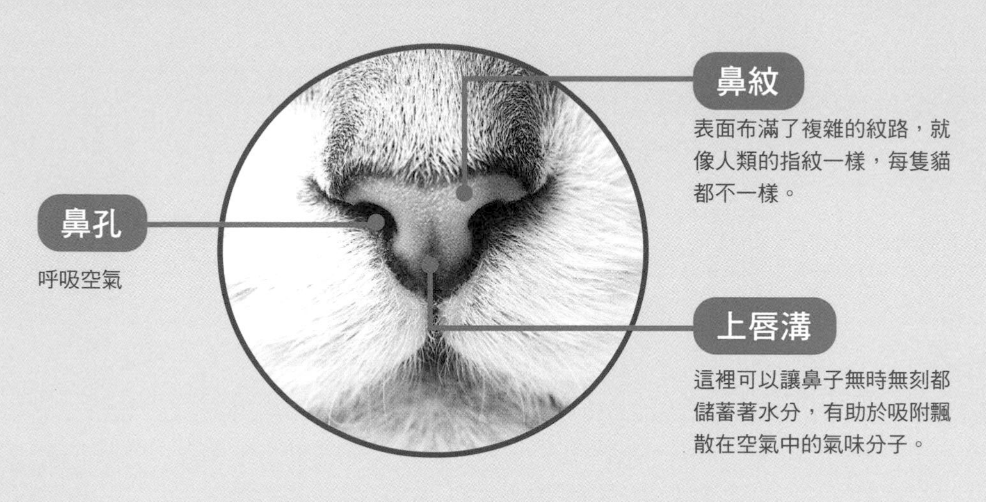

一回到家，貓咪就會蹭到你身邊，東聞聞、西嗅嗅，你剛剛摸了別的貓，牠一聞就知道。大家都說狗的嗅覺很靈敏，但要說嗅覺，貓咪可是不輸狗的喔！現在就先來了解貓咪鼻子的構造，然後再進一步認識它的功能吧！

辨識系統——犁鼻器

貓咪嘴裡有個隱藏在上排牙齒後方的特殊器官——犁鼻器，它就像是貓的第二個鼻子，可以幫助貓咪辨識氣味的特性，進而能分辨出身分。所以有時候貓對你做出呲牙裂嘴的這表情，看起來雖然猙獰凶狠，但也許牠只是在讓犁鼻器方便辨別味道。

留下味道訊號

貓咪是獨來獨往的獨行俠，但身上許多部位都有腺體，會透過磨蹭、抓咬留下氣味，這是這群獨行俠用來告訴彼此曾經在此的訊號。

辨識方向

貓咪可以藉由嗅覺來辨別方向，了解食物或是獵物的所在位置，各種感官都靈敏的貓，想躲過牠的獵捕，還真不容易。

辨別喜好和安全性

貓咪對食物都有一定的標準要求，不喜歡不新鮮的食物，嗅覺也不想啟動，所以牠們的嗅覺除了能分辨公貓、母貓及辨別氣味，還能辨識食物是否有毒或不新鮮。

確認味道、傳遞訊息

貓咪身上許多部位都有腺體，牠們會透過氣味，傳遞一些訊息，跟你說說話。

用頭磨蹭表達安心和喜愛。

到處抓和摸摸，留下氣味記號。

鑽腋下舔手汗，確認主人氣味並補充鹽分。

第3話 貓咪耳朵學問大

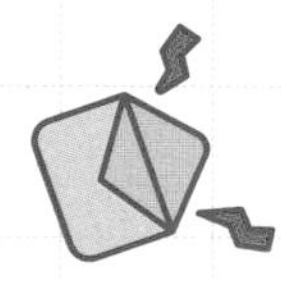

親愛的 Kuroro，貓咪的耳朵裡面是不是有裝辨音雷達啊？任何一點小聲響，都能立刻察覺，好厲害！

嘿嘿！貓咪頭上這雙貓耳，究竟擁有多少大家不曉得的機關呢？快讓貓耳科學家來跟大家聊聊吧！

貓星專家出場

個人檔案 PROFILE

貓耳科學家

現任「貓星基因改造部門」專員，
鑽研貓耳和耳蝸管理員等生物研究，
天生擁有一對迷人的大耳朵，
經常受到貓咪同伴的羨慕，
但其實對噪音的耐受度異常低，
因此偶爾會突然暴走。

喵星代號 Kuroro No.55337

個人特殊能力

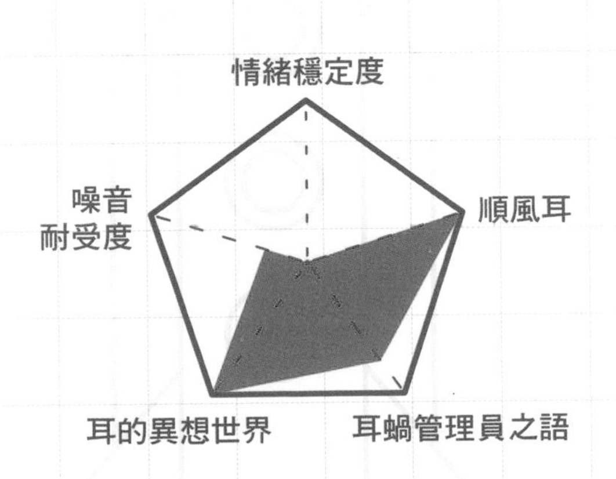

貓耳祕密大公開

根據 Kuroro 地球觀察報告的記載，地球人對貓咪耳朵也有特殊的喜愛，不但時常會撫摸，甚至還開發了很多貓耳相關的飾品、配件。到底貓耳朵有什麼迷人的魅力呢？快請貓耳科學家來說明白吧！

貓耳造型大調查

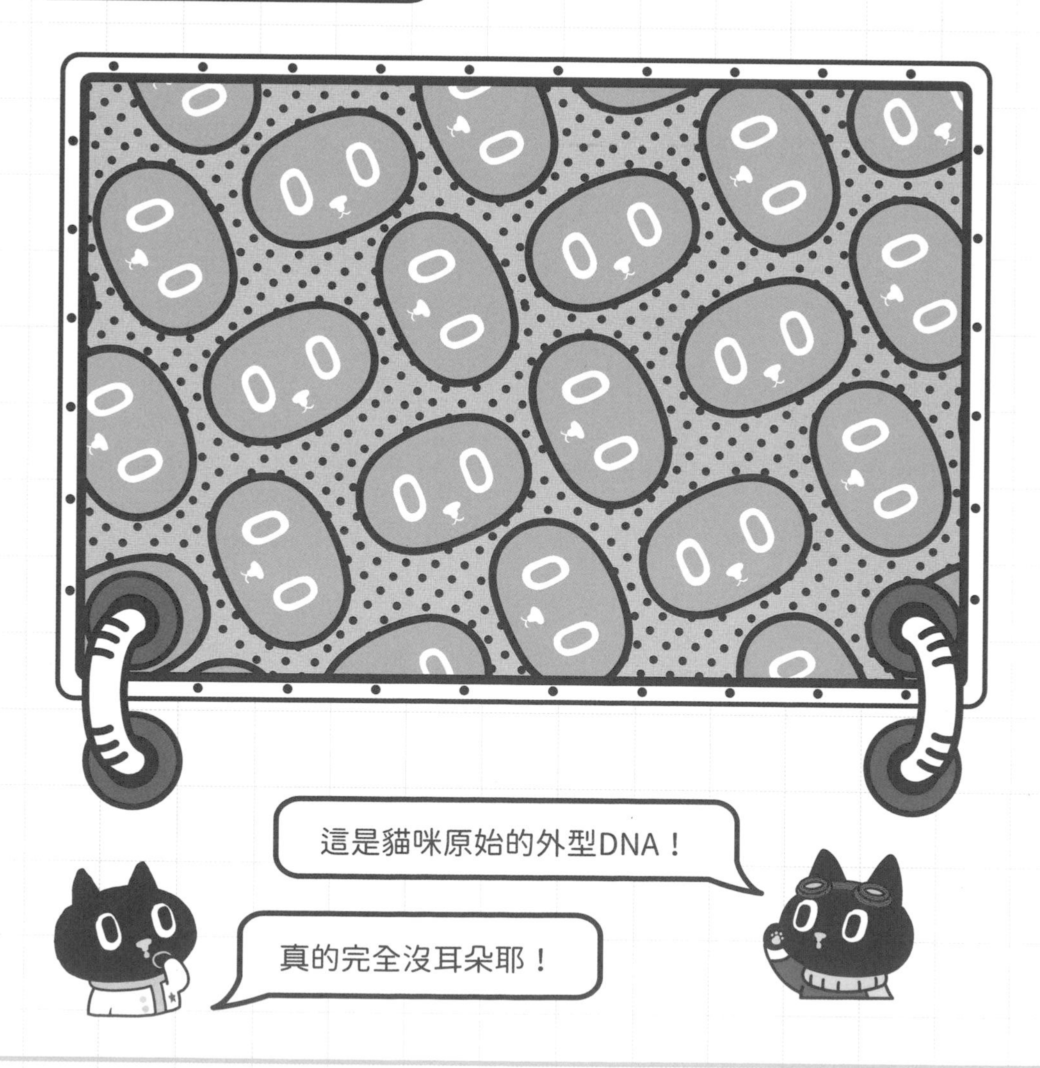

沒錯！爲了融入這個充滿耳朵的世界，我們
貓咪也想替自己打造一對帥氣的耳朵！那時
科學家們研究了許多貓耳的可能性！

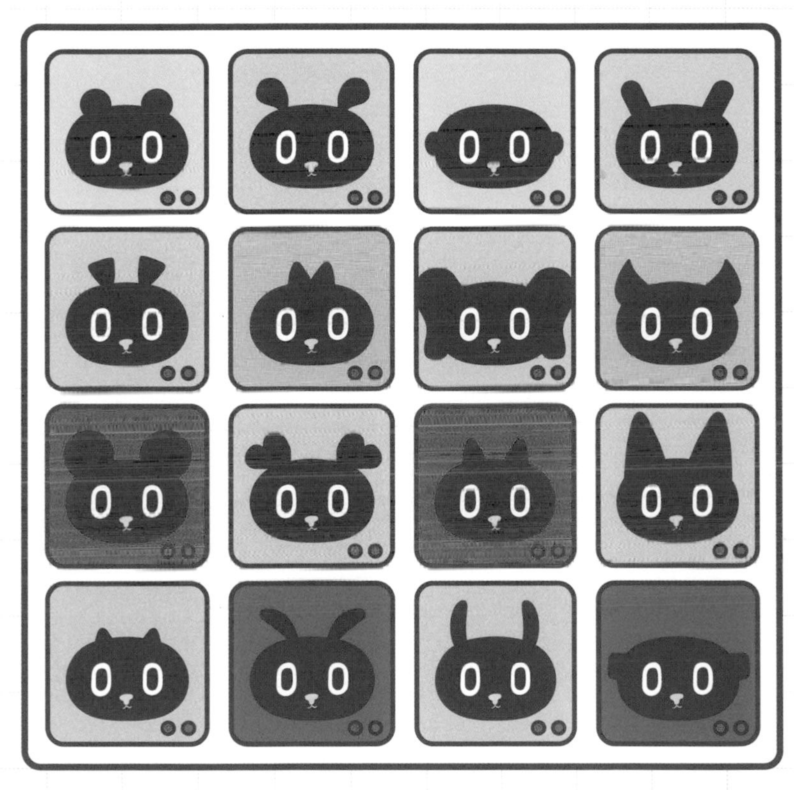

經過從成千上萬的樣本中不
斷測試、淘汰後，最終我們
選擇了一個最棒的造型成爲
貓咪耳朵的基礎型態喔！

關於貓耳的神奇構造

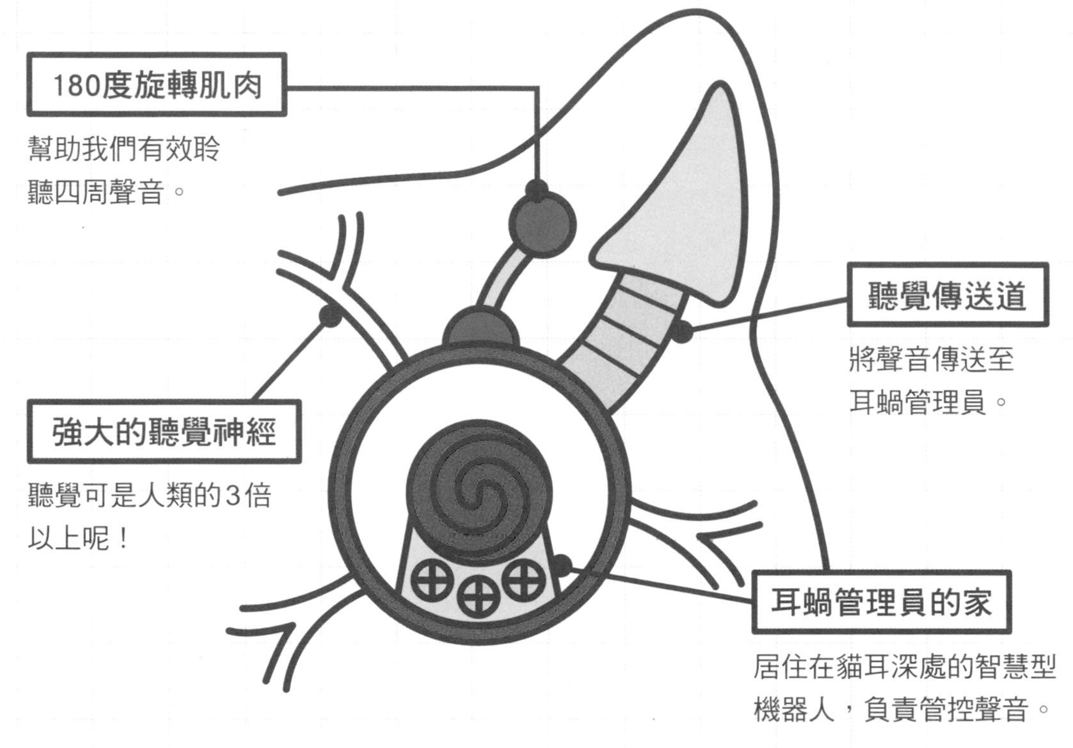

就是我們最後選擇的貓咪耳朵造型對嗎？

沒錯！這個是不是一對帥氣又
可愛的耳朵！

原來如此！那我們貓耳的功能一定很酷炫吧！

當然！經過貓科學家們的精心打造，
貓耳的功能可多著呢！

關於耳蝸管理員的那些事

專家！耳蝸管理員是誰？

耳蝸管理員是個住在我們耳朵深處的智慧型機器人！負責管控我們每天聽到的聲音！有了他，我們能在任何環境下，都能安心的呼呼大睡！

耳蝸管理員個人檔案

尺寸：000.58 飛米（fm）
工作時數：24小時 全年無休

負責管理貓耳所聽到的音訊，
總是騎著「音訊獨輪車」跑來跑去，
是個勤勞的小夥伴！

太酷了！耳蝸管理員真厲害！

不過耳蝸管理員也是有天敵的喔！

貓咪耳朵的天敵

吸塵器

打雷

施工

吹風機

汽車喇叭

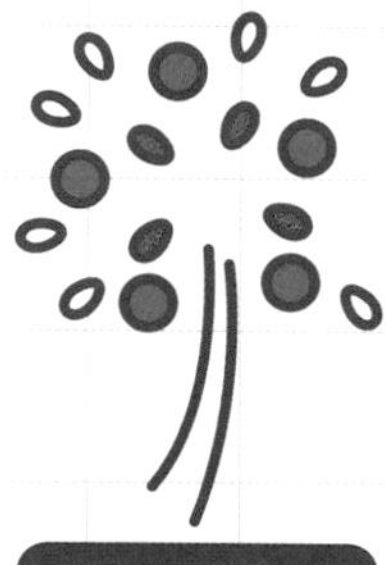

煙火鞭炮

以上就是貓咪所害怕的噪音一覽，由於這些聲音擁有無法掌控的音頻，耳蝸管理員經常不知所措而失靈！

這些聲音會導致貓咪腦袋裡的聲音迴路阻塞，我們可能會因此暴走！

原來如此！難怪每次聽到這些聲音，我就只想逃！

加上我們絕佳的聽覺神經，就知道有多麼恐怖了！

專家，那貓咪的聽力到底多好呀？

我們貓咪的聽力範圍是人類的3倍以上喔！

哇～好厲害！

就是因爲這樣，我們可以跟許多生物進行「超音波」溝通喔！

是像這樣嗎？

嗯！這個～我不好說！

貓咪喜歡安靜的環境，無論是電子產品、高音量、人聲鼎沸的場所等，都會造成不安，嚴重的話還可能會掉毛呢！

(022)
22222123

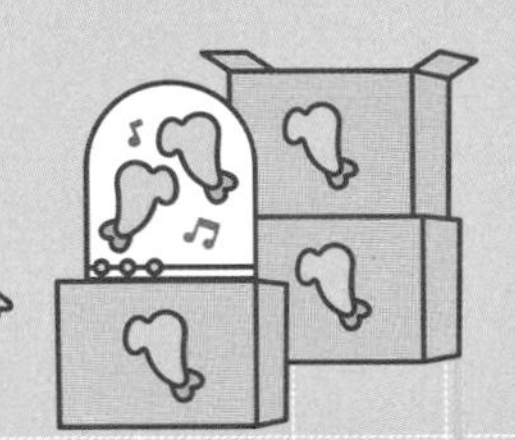

專家，請問生活在城市中的貓咪，要怎麼保護我們的耳朵，不受噪音困擾呢？

除了使用隔音材質打造溫暖小窩外，我還很喜歡聽舒眠音樂喔！來～你聽看看！

舒眠音樂？咦！真的有音樂！哇，太神奇了！

嘿嘿嘿！這可是超先進造型的抗噪耳機！不僅可以隔絕外面的吵雜聲，還能聆聽超美妙的音樂喔！重點是造型還讓人看不出來！

喵喵喵？（專家你說什麼？）

貓知識認真說

貓耳朵的小祕密？

真的假的？貓咪的耳朵居然這麼神奇？甚至還有耳蝸管理員？看完地球特派 Kuroro 的報告，也來看看地球人對貓咪耳朵的觀察吧！

耳飾毛

可以阻擋髒汙、異物，例如：昆蟲、流水等等。

耳脊毛（聰明毛）

耳朵上尖尖的聰明毛可以加強聽覺、讓聽力更靈敏。

耳袋

耳朵下的小袋子可以收集聲音、讓耳朵更靈活喔！

「咔」一聲打開罐罐，本來遠在房裡的貓，連這麼微小的聲音都能清楚辨認，迅速跑來準備大快朵頤。事實上貓的耳朵有30條肌肉，聽力是人類的3－5倍，非常驚人，甚至還有很多厲害的功能呢！

敏銳聽覺

貓耳朵的肌肉比人類更多肌肉，因此可以讓貓更靈活的辨別聲音來源與方位。另外貓那可愛三角形像漏斗的外耳殼，是收集聲波的重要工具。

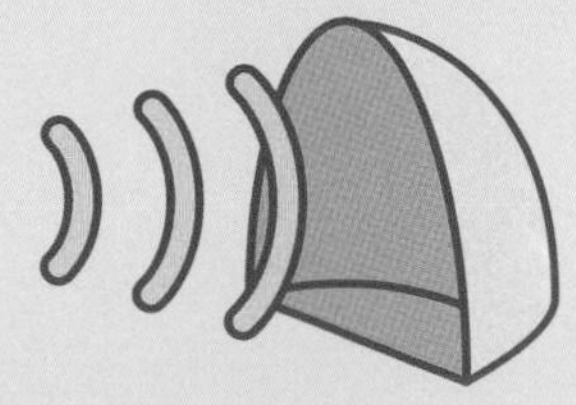

武林高手

貓咪能像特技演員一樣，輕鬆的在狹窄的地方自在行走，也能夠從高處落下時，完美著陸，這都要歸功於耳朵內「三半規管」強大的平衡能力，雖然人類也有，但貓咪的三半規管的效用比人類的強上好幾倍！

亨利的口袋

很多貓的耳朵外緣下面，有一處像口袋的小地方，這是俗稱「亨利的口袋」，有些地方稱為「耳袋」。有一說這個小口袋能幫助收集聲音，但也有專家認為這是退化的器官，犬、貓科動物，都有這個構造。

表達心情

貓的耳朵也是觀察貓咪狀態的重要指標！透過耳朵的位置、狀態，可以大略知道貓咪現在的情緒如何。例如，耳朵快速的擺動，可能是雷達偵測到有狀況正在警戒；若是呈現平貼狀態，可能是心情不好，就得識相離遠點。

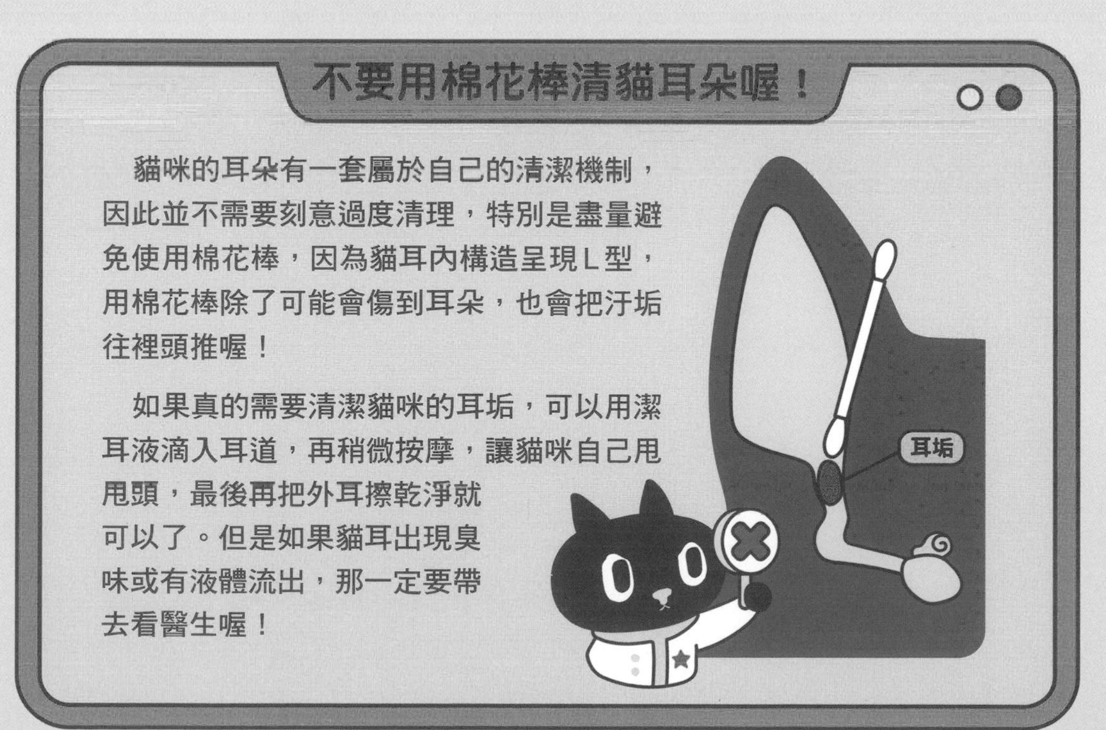

不要用棉花棒清貓耳朵喔！

貓咪的耳朵有一套屬於自己的清潔機制，因此並不需要刻意過度清理，特別是盡量避免使用棉花棒，因為貓耳內構造呈現L型，用棉花棒除了可能會傷到耳朵，也會把汙垢往裡頭推喔！

如果真的需要清潔貓咪的耳垢，可以用潔耳液滴入耳道，再稍微按摩，讓貓咪自己甩甩頭，最後再把外耳擦乾淨就可以了。但是如果貓耳出現臭味或有液體流出，那一定要帶去看醫生喔！

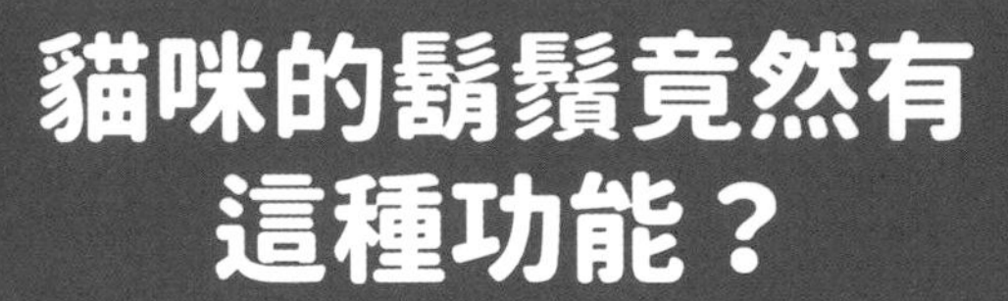

第4話

貓咪的鬍鬚竟然有這種功能？

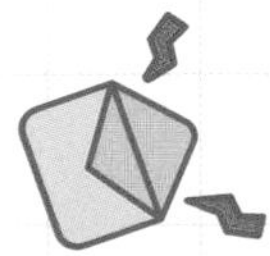

親愛的 Kuroro，我家的貓咪，上次不小心把一根鬍鬚弄斷了，後來感覺他走路就變得不太平衡，是我想太多了嗎？

鬍鬚是貓咪臉上除了萌萌大眼外最吸引人的部位，但是它可不只是好看而已喔！這次就請鬍鬚研究科學家，來跟大家聊聊關於貓咪鬍鬚的祕密吧！

貓星專家出場

個人檔案 PROFILE

鬍鬚研究科學家

總是穿著奇妙的部落風服飾，
喜愛稱呼別人爲「村民」
（或許是幻想自己是村長）。
在粗獷的外表下，
擁有一身讓人讚嘆的好手藝！
能將貓鬍鬚編織成精緻的藝術品。

喵星代號 Kuroro No.00111

個人特殊能力

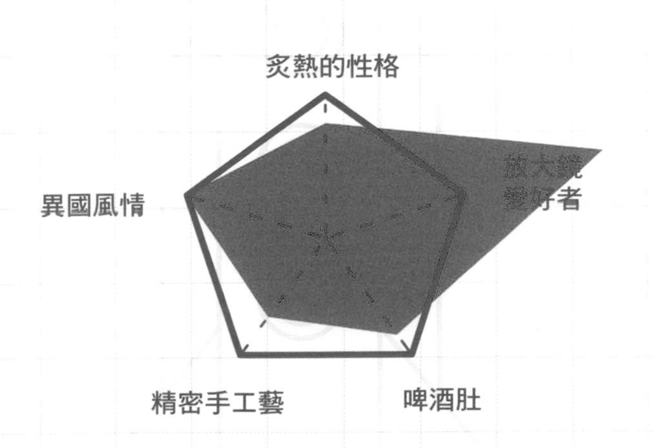

貓咪鬍鬚祕密大公開！

根據 Kuroro 地球觀察報告記載，貓咪的鬍鬚是貓咪探索與表現情緒的重要器官，除此之外，貓鬍鬚還有一些不為人知的特殊的功能呢！現在就讓我們跟著地球特派員 Kuroro 和鬍鬚研究科學家一起來好好了解吧！

貓咪鬍鬚觀察中

專家，貓咪擁有的鬍鬚，究竟有什麼功能呢？

我準備了一根鬍鬚，我們直接透過高倍率顯微鏡來觀察！

貓鬍鬚的顯微鏡觀察

超仔細放大鏡
外觀看起來雖然有點笨重，但其實超靈巧。不管多小多難察覺的東西都無所遁形，是貓眼星雲專家們研究微小事物的最佳利器。
Kuroro，把鬍鬚固定好，別讓鬍鬚飄走了！
沒問題！專家！

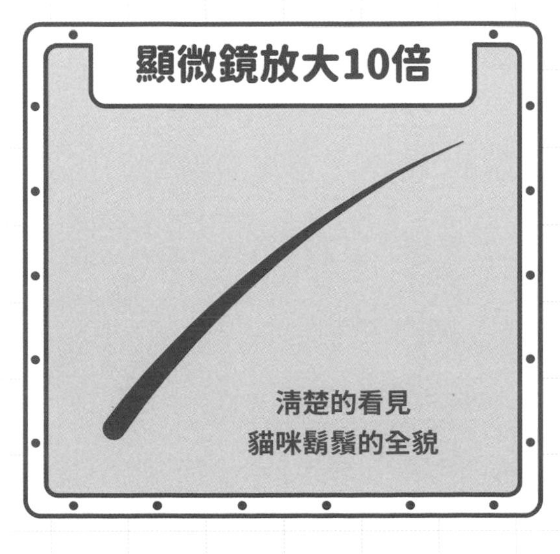
顯微鏡放大10倍
清楚的看見
貓咪鬍鬚的全貌

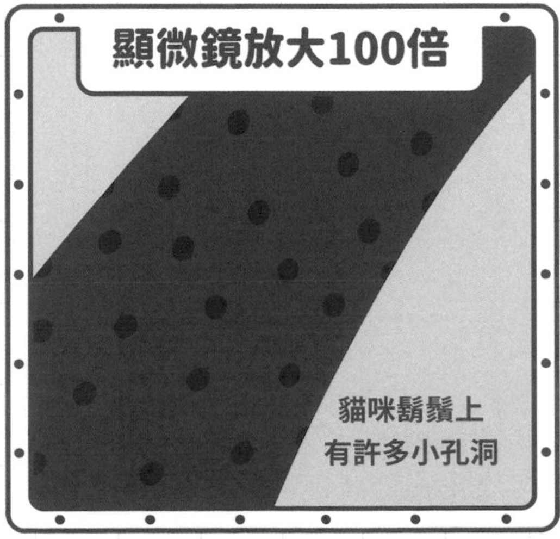
顯微鏡放大100倍
貓咪鬍鬚上
有許多小孔洞

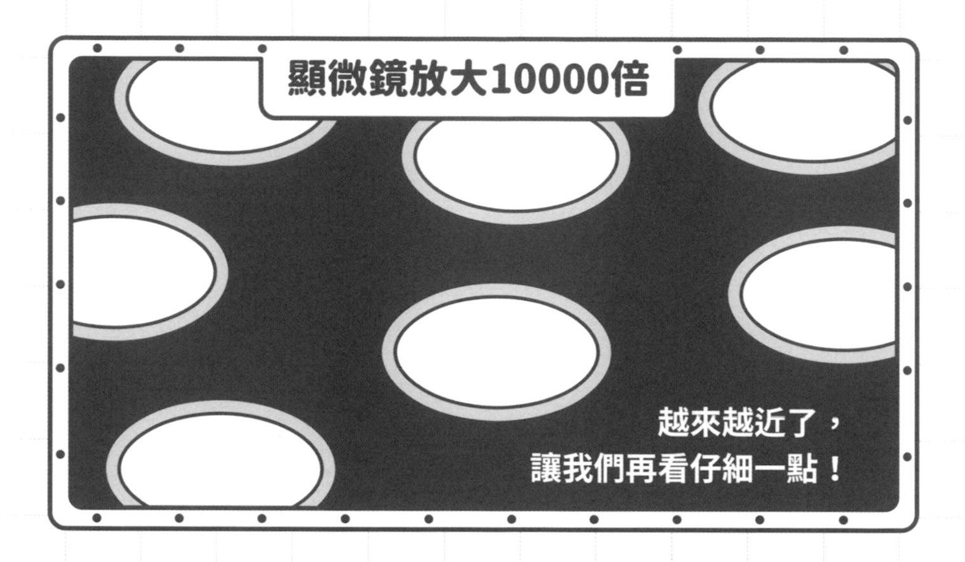

專家！我們鬍鬚裡有住東西？

沒錯！我們的鬍鬚裡隱藏著上千萬個迷你基地臺！協助我們日常生活的大小事喔！

哇！聽起來好有趣喔！快點跟我說明一下這些基地臺的功能吧！

關於貓咪鬍鬚裡頭的基地臺

平衡感知基地臺

平時經常挑戰高處的貓咪，除了以尾巴來控制平衡，潛藏在鬍鬚裡的平衡感知基地臺，能互相協調，使貓咪用最短的時間找回平衡，完美落地。

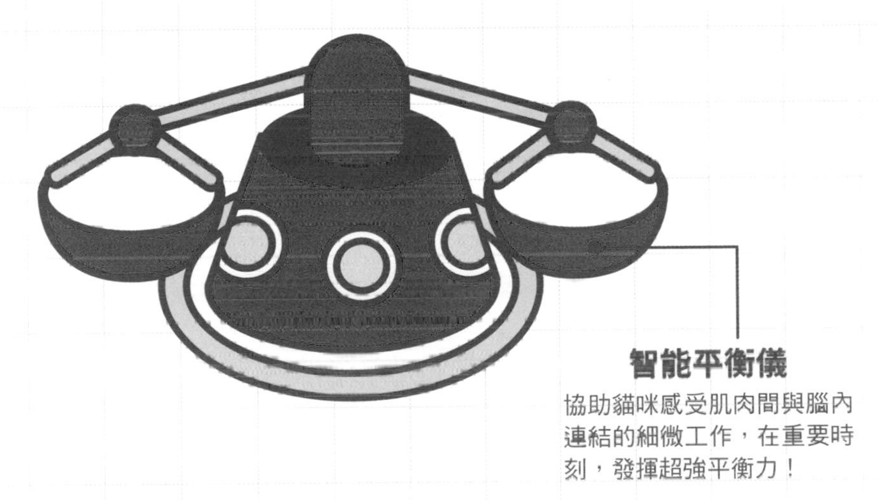

智能平衡儀

協助貓咪感受肌肉間與腦內連結的細微工作，在重要時刻，發揮超強平衡力！

尺寸

0000.1 FM／飛米

氣流感知基地臺

身為常常在外地探查的貓咪，需隨時隨地警覺周遭動靜，透過氣流感知基地臺，能幫助貓咪快速發現動靜！

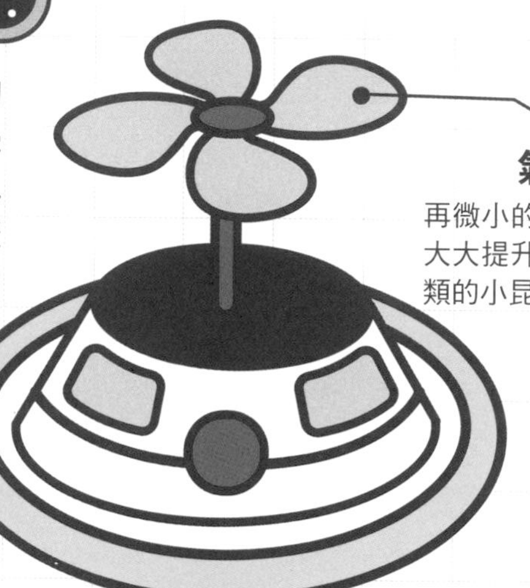

氣流風能扇

再微小的氣流，都能感受到，大大提升貓咪對蒼蠅或蚊子這類的小昆蟲行動的敏銳度。

尺寸

0000.1 ＦＭ／飛米

讀心基地臺

貓咪能透過鬍鬚中的讀心基地臺來判斷眼前未知生物是否對自己有敵意！不僅能保護自己，還會成為是否願意親近他人的關鍵呢！

尺寸
0000.3 ＦＭ／飛米

物體感知基地臺

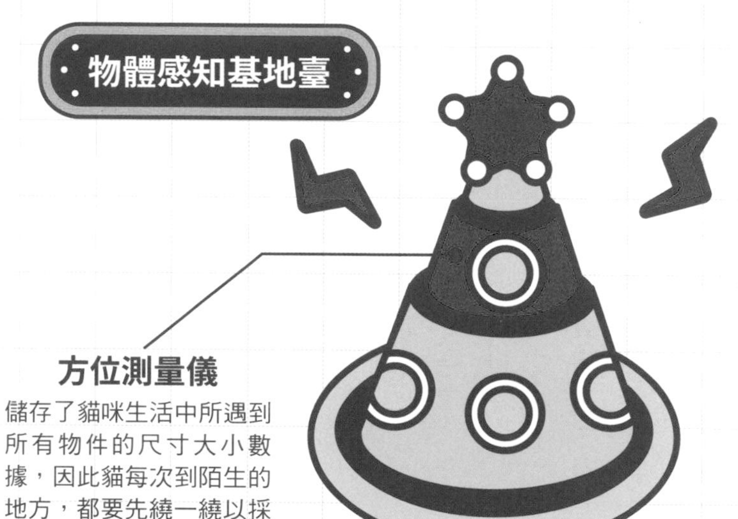

物體感知基地臺負責維護貓咪穿梭於大小空間裡，精準測量物體的距離、方向、甚至能感受材質，也是貓咪能在夜間活動的小幫手呦。

方位測量儀

儲存了貓咪生活中所遇到所有物件的尺寸大小數據，因此貓每次到陌生的地方，都要先繞一繞以採集空間的數據。

尺寸

0000.1 F M／飛米

專家，那爲什麼我們 Kuroro 沒有鬍鬚呢？

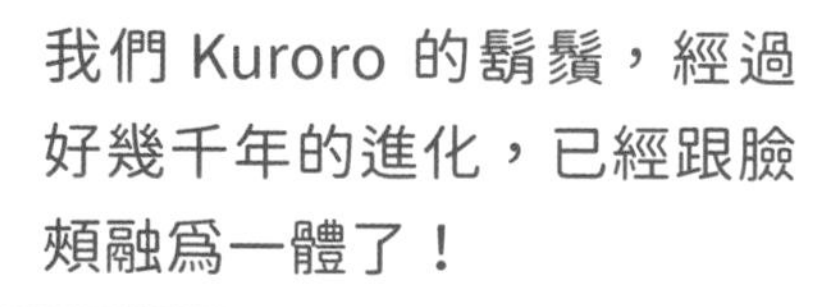

我們 Kuroro 的鬍鬚，經過好幾千年的進化，已經跟臉頰融爲一體了！

真的啊？

專家，你的鬍鬚是白色的耶～好酷喔！

嘿嘿！一旦我們的貓鬍鬚運用到出神入化的境界時，鬍鬚就會就會變得又白又搶眼，我們稱這個境界爲——超感知！

哇！「超感知貓鬍鬚」聽起來好厲害喔！

超感知貓鬍鬚能幫助我們，接收來自四面八方的宇宙訊號，隨著我們貓咪探索範圍越廣，鬍鬚也會越來越靈活喔！

哇！那我從今天開始也要多加強訓練我的鬍鬚！

貓知識認真說

超實用的貓鬍鬚

真的假的？貓咪鬍鬚裡居然有基地臺？不但有助貓咪的平衡感、夜間行動，還能感應氣流？看完了 Kuroro 對地球貓鬍鬚的觀察報告，接下來也看看地球人對貓鬍鬚有什麼觀察吧！

貓咪除了臉上看起來微不足道的鬍鬚，對貓咪而言，可是很有用的呢！貓咪身上的鬍鬚毛，指的不只是鼻子附近的長鬍鬚而已喔！還包含眉毛、下巴，甚至前腳內側的毛都可以算是貓的鬍鬚。不同部位的鬍鬚，對於貓咪的生理和行動也都有著不一樣的功能唷！

靈敏的雷達

貓咪的鬍鬚像是靈敏的雷達，可以用來探知空間、定位，更能在黑暗藉由鬍鬚的能力避開障礙物唷。

確認獵物生死

貓前腳的鬍鬚可以用來探知獵物是否還活著，如果探測到還沒陣亡，就會迅速的再給予致命的一擊。

表達心情

貓咪的鬍鬚也會透露出貓咪現在心情。如果貓的鬍鬚是呈現下垂狀，基本上就是在說：「我現在滿好的，可以跟你玩，你也可以靠近我。」有時候貓咪還會走到你身邊躺下來撒嬌呢！若是警戒，那鬍鬚自然是直挺挺的朝前戒備。鬍鬚如果往後，則表示貓咪現在的狀況是處於害怕或是低落的喔！

從鬍鬚了解你的貓

鬍鬚是貓的重要器官，可別亂剪或是亂拔，要知道「捋虎鬚」可是危險的事，且鬍鬚根部連結處還是有血管和神經，千萬要小心不能破壞喔！

貓咪鬍鬚跟人頭髮一樣，到了一定程度也會脫落，可別小看這幾根毛，在日本，貓鬍鬚據傳是超棒的吉祥物。甚至有人拍賣自己貓咪的鬍鬚，包裝的很漂亮，還可以賣到好價錢呢！

貓咪喝水也講儀式感？

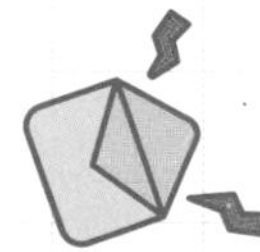

親愛的 Kuroro，我們家的貓咪超有個性，裝在碗裡的水都不喝，偏偏愛喝澆花水，怎麼會這樣啦！

我們貓咪都有自己一套喝水的特殊習慣喔！現在就讓「喝水調查科學家」來爲大家解析貓咪喝水的行爲！

貓星專家出場

個人檔案 PROFILE

喝水調查科學家

基於對於水質的好奇，
曾到許多地方進行水質的研究，
每年固定提出喝水行為的全新調查，
開發了「宇宙純淨濾水壺」的新發明。

喵星代號 Kuroro No.07775

個人特殊能力

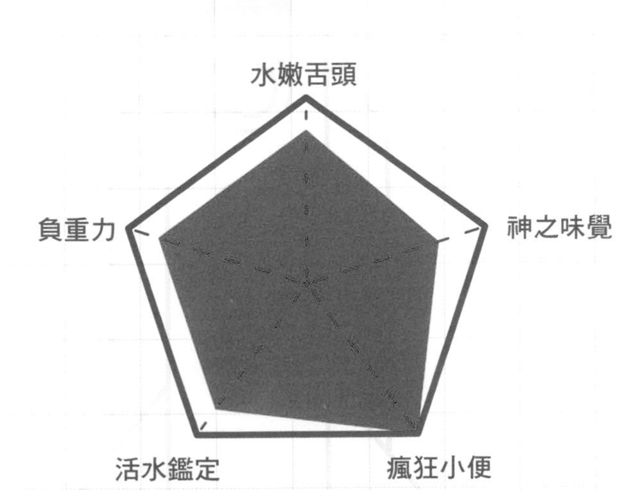

貓咪的喝水祕密大公開

根據 Kuroro 地球觀察報告記載，貓咪因為有特殊的舌頭構造，再加上本身很多毛（龜毛的毛），有很多關於喝水的小祕密喔！就讓「喝水調查科學家」一一為我們說明吧！

貓舌頭的機能

貓舌頭的構造

貓咪舌頭上的倒刺是味蕾角質化，這些纖細的硬質突起物能將食物中的骨頭與肉分離，還能用來梳理毛髮。 另外，舌頭也有「偵測」的功能，可判斷水質或食物是否純淨新鮮。

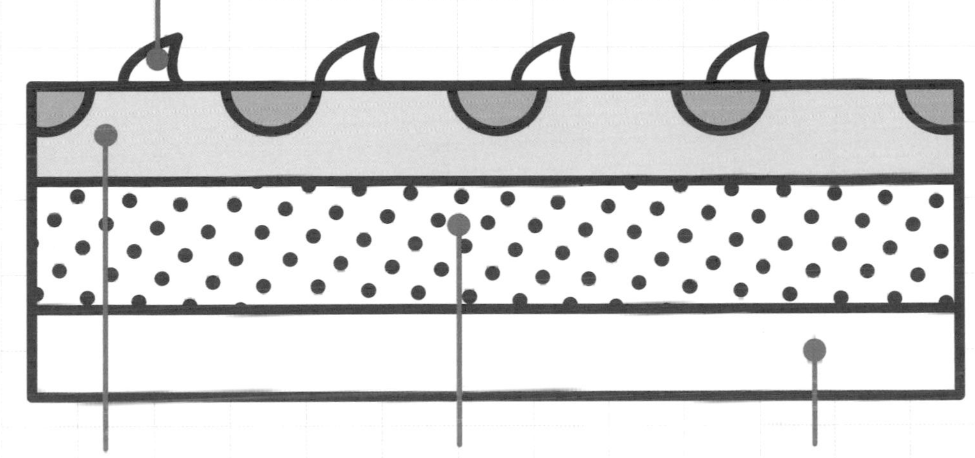

不只這樣，我們還能透過貓咪喝水的習慣，了解貓咪的性格喔！（請見P.62 圖）

貓咪舔毛是洗澡，狗狗舔毛卻越舔越臭，最主要的差別就在於舌頭的構造！此外，貓咪和狗狗的皮脂分泌也不同，因此狗主人要多注意狗狗的身體清潔，至少一週要洗一次澡喔！

關於貓咪的喝水學派

正常喝水派
中等潔癖
調皮搗蛋
喜歡撒嬌
埋頭喝水派
咕嚕～
咕嚕～
低等潔癖
個性古怪
很有主見
沾手喝水派
極度潔癖
好脾氣
很愛面子

專家，我都是看心情變化姿勢呢！
那我算是哪種喝水學派呀？

嗯……自由奔放派？

嘿嘿！

不僅如此，我們很注重水質的純淨呢！

我們只喝純淨的水

✕ 馬桶水　✕ 水窪水　✕ 盆栽積水

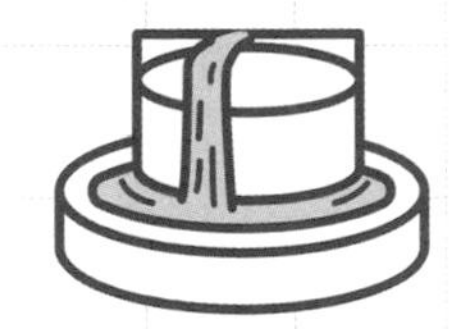

◎ 飼養水　◎ 活水　◎ 人類杯水

※按照水質乾淨度決定要不要喝

其中最受歡迎的是人類的杯水。因為人類都會讓自己喝最乾淨的、無雜質的水！（特別是有杯蓋的，最棒了！）

貓咪水分攝取調查

一般來說我們貓咪都是從平常的進食，吸收食物本身的水分！但目前居住於地球上的貓咪，通常吃人類準備的「乾飼料」為主食。所以攝取水分的時機也隨之減少了！

專家，說到喝水，我經常爲了要做祕密調查，整天都沒喝進什麼水呢！

Kuroro 這很嚴重耶！水對於我們貓咪是非常重要的喔！

增加貓咪喝水的撇步有很多，例如：提供新鮮乾淨的水、增加喝水的角落、增加食物中的水、會流動的水、玩鼻子滴水遊戲等，可以多試試喔！

專家，我好想知道你身上背的那個是什麼東西呀？

嘿嘿，這是我獨家設計，專門用來隨時隨地過濾自來水，超輕巧零負擔的材質，忙碌時，背在身上就不會忘記喝水囉！

哇！那我也要準備一個塞滿各式各樣鮮魚的壺，這樣就能隨時隨地吃新鮮的魚啦！

說到吃，你的腦筋動得最快，真是拿你沒轍啊！

貓知識認真說

貓咪的舌頭祕密

貓的舌頭如果仔細看特寫，會覺得有些嚇人，但它其實藏了許多功能。貓咪無論喝水、進食、梳毛都靠它，是不可或缺的重要器官唷！看完了 Kuroro 對貓舌頭的觀察報告，接下來就來看看地球人觀察到了什麼吧！

功能1：比餐具更好用

貓舌頭上角質化的味蕾很硬，因此能像刀叉般，把食物中的骨頭與肉分離。

功能2：走到哪梳到哪，保持好儀容

貓舌頭上的倒刺，也能像梳子一樣整理毛髮，而且這些有彈性的倒刺，還能理開糾結的毛髮，比人類的梳子更厲害。

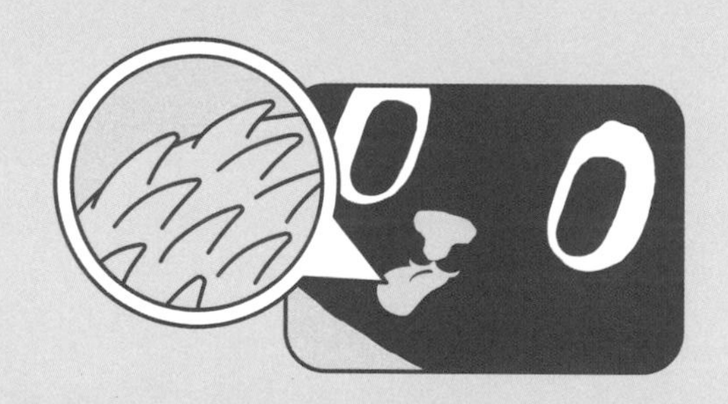

功能3：快到讓你看不見的喝水技術

貓喝水時用舌頭前端快速接觸水面，製造張力以攝取水分。

功能4：散熱的小工具

貓咪利用舌頭把唾液送到皮毛上，散熱又清潔。

功能5：舌頭代表我的愛

貓會伸舌頭舔舔你，表達對你的喜愛，
這是一種信任，被舔是一種認證。

貓咪毛球症

貓雖然愛乾淨會舔毛，但也會把毛吃下去，當腸胃裡的毛過多就會出現食欲不佳的現象，甚至還會嘔吐、便祕，因此得適時給貓吃些化毛膏，幫助排出毛球。

貓舌頭餅小食譜

「牛舌餅」是長得像牛舌的餅乾，沒想到還有「貓舌餅」。橢圓形的貓舌餅，薄薄的一片，看起來好像很好吃呢！來做做看吧！

材料

無鹽奶油40g、蛋白1顆、低筋麵粉40g
細砂糖40g、鹽一小撮

作法

1. 奶油於室溫下回溫放軟，持續攪拌到由黃變成白色。
2. 將細砂糖分兩次加入奶油中，充分攪拌均勻。
3. 接著將蛋白分兩次加入，慢慢攪拌均勻。
4. 加入低筋麵粉攪拌到看不到粉粒。
5. 將拌好的麵糊放入擠花袋中，在擠出長條狀麵糊。
6. 烤箱預熱 170°C，把貓舌頭送入烤箱烤9~10分鐘。
7. 烤好後，立即從烤箱取出，放涼就可以囉！

休息時間 I

愛貓傳說

為了更了解貓和地球人的關係， Kuroro 22222號特地拜訪了最了解貓咪和地球歷史關係的「貓歷史研究家」。當他來到約定的地點時，被眼前的景象給嚇了一大跳！

專家你好，你的穿著打扮好特別喔！

我的打扮是埃及風！因爲在5000年前古埃及時期，貓咪就和人類一起生活囉！接下來就跟我一起邊逛邊聊吧！

貓從很久以前，就在人類文明中扮演了很重要的角色，不但會保護穀倉，避免被老鼠之類的嚙齒動物侵襲，還會協助打獵、捕蛇，很厲害喔！

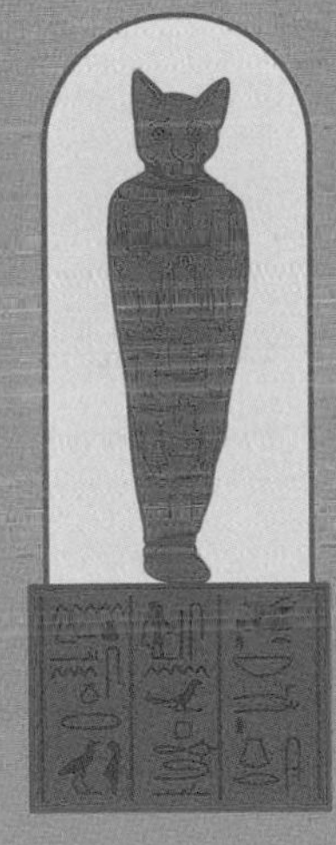

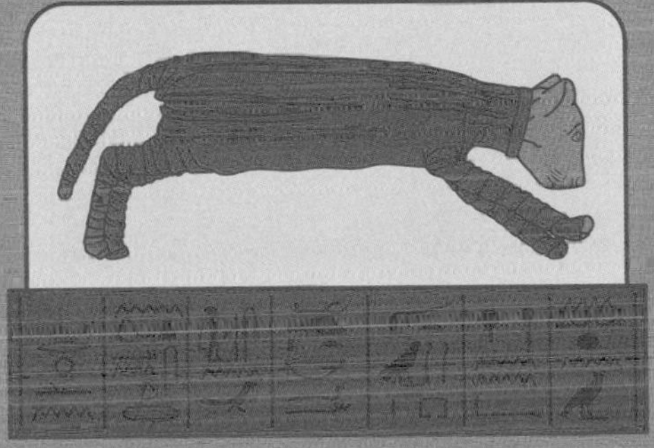

因為貓咪具有神祕、優雅的特性，後來古埃及人逐漸將我們神格化，甚至出現了「貓之女神芭絲特」。

在埃及能被做成木乃伊，都是有地位的人，才能有轉世的機會。因此，有貓咪的木乃伊表示貓咪當時有一定的社會地位！

哇！沒想到專家那時代的貓咪，這麼的厲害和偉大，希望有一天我也可以跟你看齊。

每個時代都有很不一樣的文化和背景，期待你能將最新的訊息帶回貓眼星雲，讓我們的調查研究更完整喔！

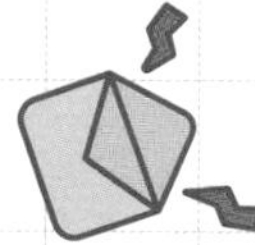

親愛的 Kuroro 我很常看到我家的貓在舔肉球，
是在做保溼美容還是只是手癢啊？

想知道我們貓咪舔肉球除了在洗手手，還有什麼想不到的功能嗎？就讓貓語科學家來爲大家解密吧！

貓星專家出場

個人檔案 PROFILE

貓語科學家

一出生就精通所有宇宙的語言，
總是隨身帶著閃亮亮肉球模型。
愛好是跟路邊的植物聊天。

喵星代號 Kuroro No.23344

個人特殊能力

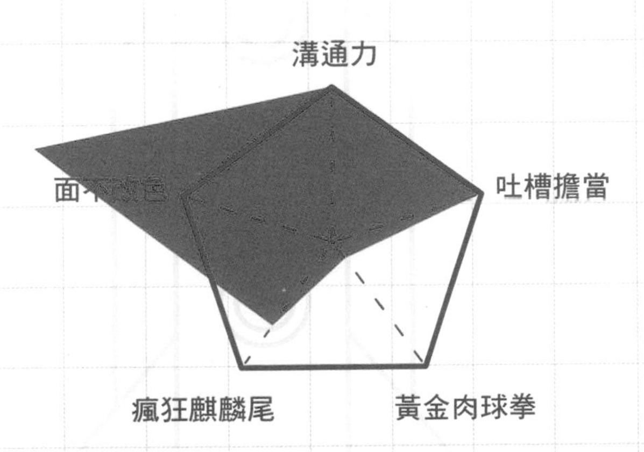

肉球通信祕密大公開

根據 Kuroro 地球觀察報告記載，貓咪肉球因為構造特殊，因此隱藏很多人類不知道的功能喔！現在就讓地球特派員 Kuroro 和貓語科學家，一步步帶各位來認識吧！

肉球的功能

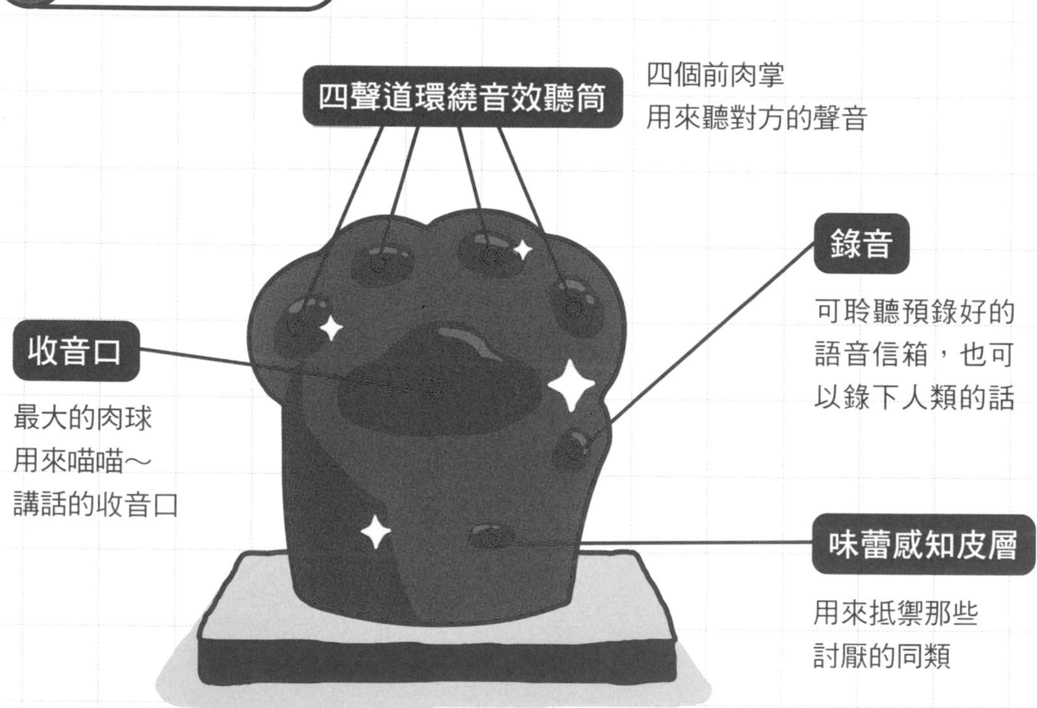

其實我們貓咪的肉球，就像人類的手機一樣，擁有對話的功能，不僅防口水，還有四聲道的音效聽筒呢！我個人覺得裡頭最貼心的功能是：加入黑名單！

貓咪的肉球由外至內分別由軟綿綿的質感、防水塗層、感應元這三層不同的構造所組成，是一個美感、觸感、功能兼具的迷人部位！

❶軟綿綿的質感

軟綿綿的質感：用來療癒人類，
用貓舌撥打電話時，感受也會最佳。

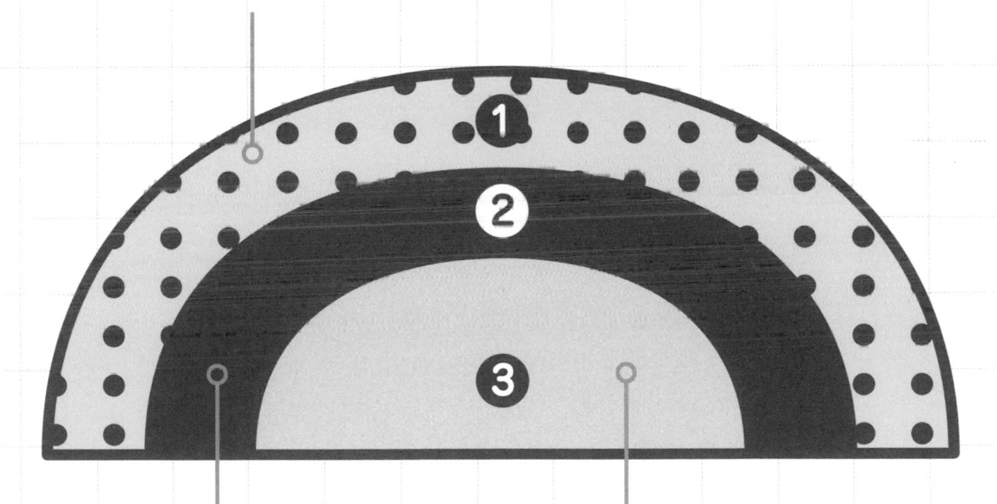

❷防水塗層

用來避免過度使用造成，
底部通信感應元壞掉。

❸感應元

貓咪用肉球打電話的祕密通心感應元
（屬貓星黑科技一環）。

現在就請我們特派員 Kuroro，來為大家現場示範貓咪是如何用肉球打電話的吧！

貓咪打電話的 3 大步驟

舔舔肉球連線

搓耳朵附近的毛通話

手手放下即掛斷

貓咪肉球通訊範圍

收訊範圍大約於方圓1萬公里

厲害的我們，可以與方圓1萬公里內的所有貓咪們，進行通話喔！

貓咪肉球通話收訊方式

那麼大家知道嗎？貓咪的肉球通話是怎麼收訊號的呢？

嘿嘿！其實貓咪的尾巴就是拿來收訊的喔！當電話響起，尾巴就會像雷達一樣，抖～抖～抖！而尾巴的長短，也會影響貓咪打電話的收訊效果呢！

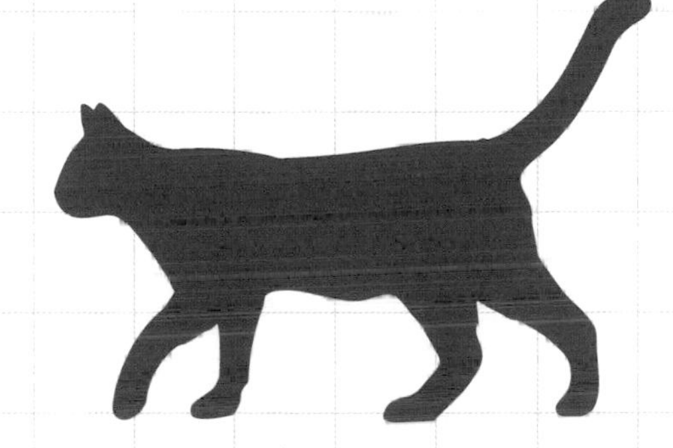

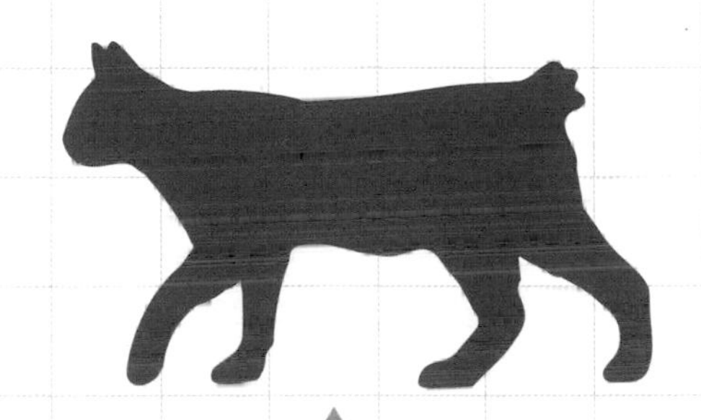

長尾巴
收訊較佳

短尾巴
易收訊不良

大家也可以觀察一下自己的貓咪尾巴喔！

只要妥善保養肉球，斷訊的機會就會降低很多，人類們無須特別為自己的貓咪過度擔心喔！

貓咪行為小劇場

我們貓咪，還會透過肉球通話，
揪同伴一起祕密聚會！

沒錯沒錯！特別是在夜晚！

專家，聽說你最近有在籌備展覽？

沒錯！我的巨大貓肉球模型特展，將展示各式各樣的貓肉球模型喔！記得來朝聖一下！

酷～我也好希望我的肉球變成模型藝術喔！

沒問題，下次就製作一個專屬你的模型藝術吧！

實在太榮幸了！買這本書的各位人類，現在有福啦！只要憑下面門票，就可以免費參觀展覽喔！

但前提是，要想辦法先到貓眼星雲才行，嘿嘿。

閃亮亮！巨大貓肉球模型特展！

展覽地點：貓眼星雲之宇宙博物館
展期：2088年／3月／17日～2088年／5月／17日
票價：三個罐頭

貓知識認真說

肉球其實超好用

真的假的？貓肉球居然可以通訊？看完了 Kuroro 對地球貓肉球的觀察報告，接下來也看看地球人對貓肉球有什麼觀察吧！

可愛的貓肉球，你有沒有仔細看過是什麼樣子的呢？粉粉的？肉呼呼的？現在就跟著我們仔細來好好認識一下吧！

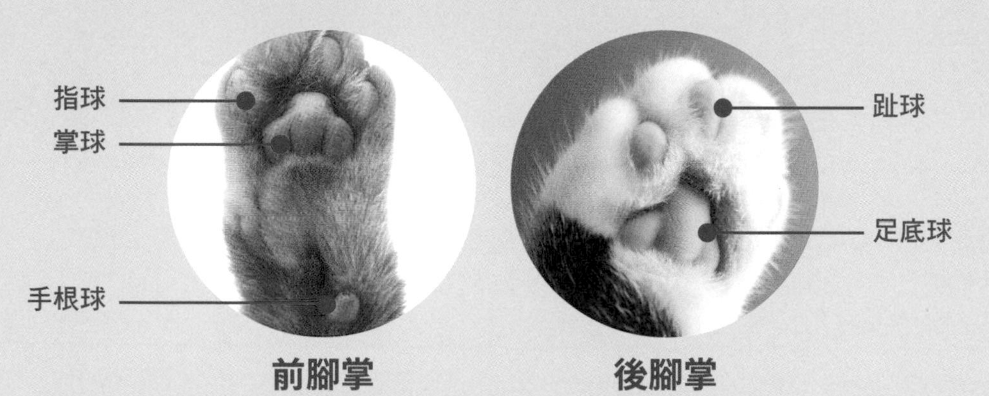

前腳掌　　後腳掌

肉球功能大解密

我們什麼都是多功能的！

貓肉球是貓咪重要的生理構造，有超多意想不到的功能，絕對不僅僅是只有一種功能而已唷！貓肉球還可以……

散熱

肉球能幫助排汗散熱的功用唷！

減震

肉球可以讓貓咪從高處跌下來時，緩解對身體的衝擊與傷害。

降低腳步聲

肉球可幫助貓咪走路或接觸地面時，避免發出聲音。

感受環境變化

肉球十分敏感，能讓貓咪感受到環境微弱的震動或變化。

貓肉球占卜

你知道嗎？除了人類可以透過掌紋占卜，據說貓咪也可以從肉球的形狀知道個性唷！快來看看準不準！

A.撒嬌喵

掌球頂端像愛心的形狀

很愛撒嬌、親人。最喜歡跟主人撒嬌要東西吃。

B.冒險喵

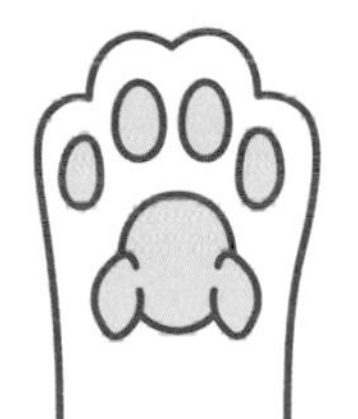

掌球頂端是圓圓的

大家都會喜歡的人氣王，個性熱愛冒險，喜歡抓小動物回來。

C.內向喵

掌球頂端是平的，中間有一點凹下去

不愛熱鬧，喜歡自己安靜獨處，不喜歡被打擾。

D.暴躁喵

掌球部分像三角形

脾氣起伏大，看起來顯得凶巴巴的，愛玩耍但是不喜歡撒嬌。

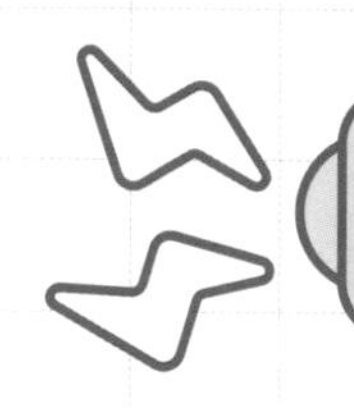

第7話 貓咪到底能伸多長呢？

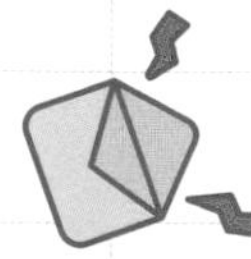

親愛的 Kuroro，我家的貓咪的身體竟然能彎來彎去又拉長，我懷疑他是從外星球來的！（噓）

被你發現了！（咦！呵呵～）我們貓咪的身體能隨意拉長跟縮短喔！想知道爲什麼嗎？有請貓星專家出場！

貓星專家出場

個人檔案 PROFILE

貓體結構科學家

知名的貓體結構研究大師，
為了研究身體建構學，
不惜將自己的身體改造成透明的，
並致力於研究各物種的身體結構，
家中擺放許多奇怪的標本。

喵星代號 Kuroro No.88723

個人特殊能力

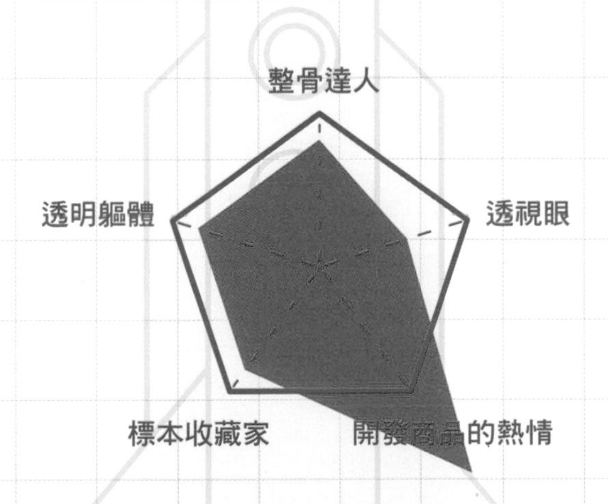

貓身體拉長謎題大公開

根據 Kuroro 地球觀察報告記載，貓咪看起來不大隻，但是被抱起來之後，身體竟然可以拉得超～長！坊間傳聞貓咪是橡膠做的，或是其實沒有骨頭。嘿嘿，真相到底是什麼呢？現在就讓貓體結構科學家，帶我們一起來看看貓咪的身體有多奇妙吧！

貓身體構造

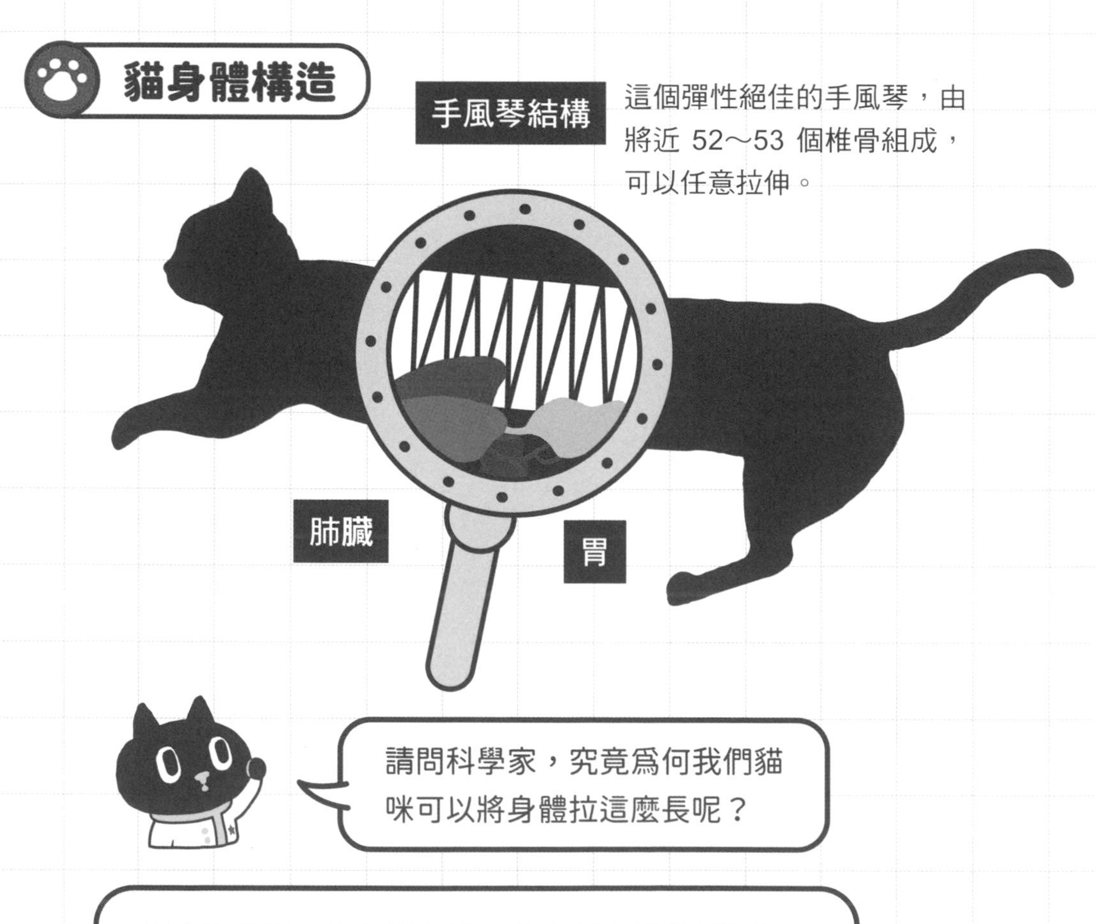

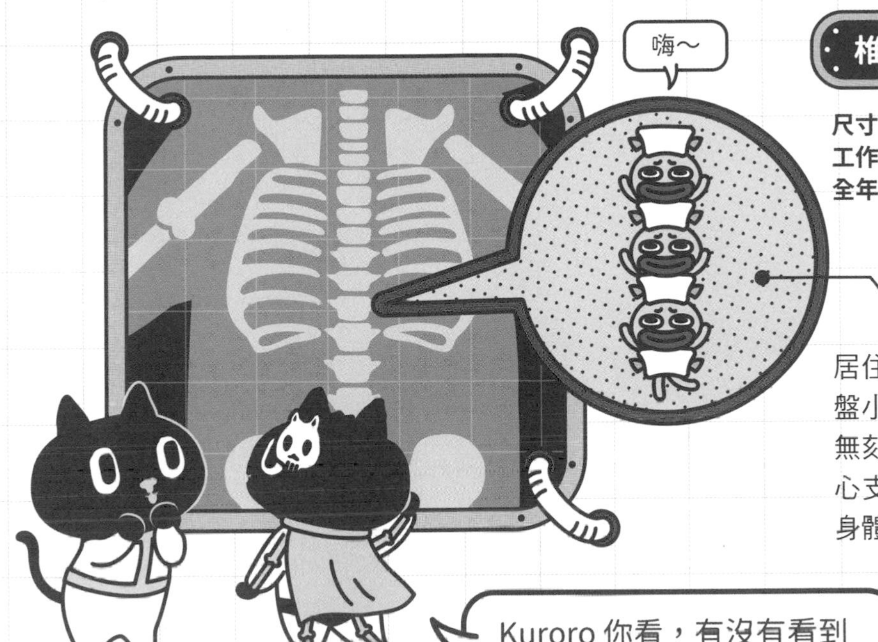

椎間盤小夥伴

尺寸：000.58 飛米（fm）
工作時數：24小時
全年無休

居住在骨頭中的椎間盤小夥伴，總是無時無刻，相疊一起，齊心支撐著我們貓咪的身體喔！

Kuroro 你看，有沒有看到小夥伴們在和你揮手耶！

這些軟彈的椎間盤小夥伴，一直陪伴我們一生！他們是超強力的軟彈細胞，讓我們可以如橡皮筋般，自由任意的拉伸、轉動身體！

透過手風琴的骨骼構造，搭配超強椎間盤小夥伴的支持！我們貓咪可以拉長至「1.5－2倍」的身長，還能像「液體般」任意變形喔！

如樂器般姿勢還會發出不同音階

而因應不同的姿勢，可以發出不同「貓」的音階。Kuroro 你來親自體驗看看吧！

交給我吧！

好有趣！難怪人類這麼愛抱著我們凹來凹去的，真的好像在演奏音樂耶！

不只這樣，在貓眼星雲上，我們還有個媲美諾貝爾獎項的「貓的驚世宇宙紀錄」，其中一個項目就是記載貓咪能把身體拉長的極限挑戰紀錄唷！

各種貓的驚世宇宙拉長紀錄！

據說曾有一隻黑貓，將身體拉長至日本富士山一樣高，目前好像還沒有其他貓打破這項驚世紀錄唷！

黃貓	賓士貓	黑貓
冰箱	東京鐵塔	富士山
標準高度1.8M	標準高度333M	標準高度 3775.63公尺

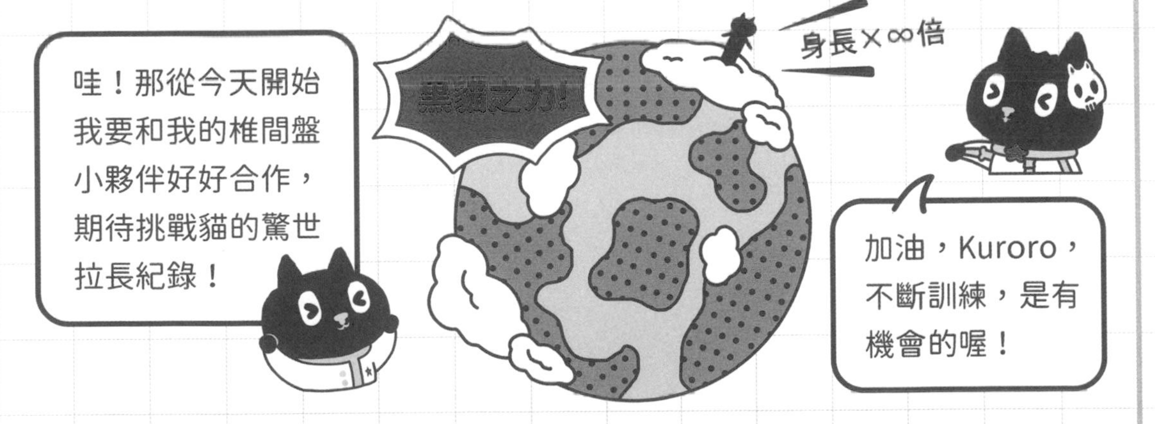

根據地球動物學家的觀察研究，貓咪一般能夠將身體拉長至自己身長的5倍。美國的一隻5歲大的緬因貓Stewie獲得了「最長的貓」金氏世界紀錄。同時它的尾巴也是最長的，爲41.5公分。

貓咪行為小劇場

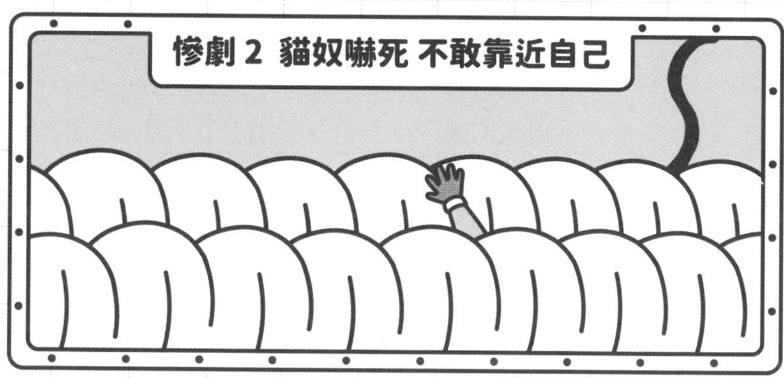

呼籲貓咪們不宜將自己拉長過度，要有專業拉長教練在旁監督，不然會有難以預料的下場！

Kuroro 剛剛的喵喵手風琴可愛吧！
身爲貓咪親自演奏的感覺怎麼樣啊？

我覺得超神奇的，很有趣耶！

嘿嘿！爲了更好的推廣喵喵手風琴，我決定將它量產啦！100%仿造貓咪骨骼結構，可以演奏出絕佳喵聲！現在只要8個貓罐頭貨幣就可以擁有喔！

哇！好便宜！我要訂幾個送好朋友們來一起玩！

太棒了！大家一起感受貓結構音節魅力吧！

貓知識認真說

貓咪骨骼大解密

貓可以捲成一顆毛球，也可以把身體拉長變成抱枕！看完了 Kuroro 對地球貓咪結構的觀察報告，接下來也看看地球人對貓咪骨骼有什麼觀察吧！

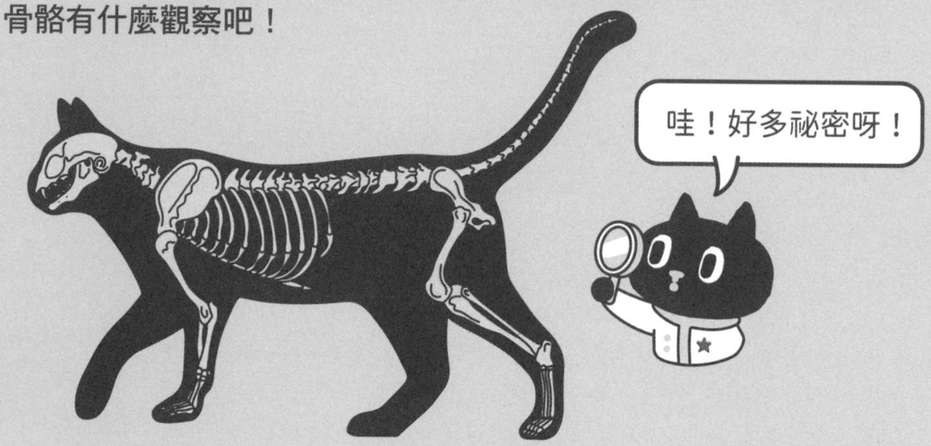

以人類來說，成人的骨骼約有206塊骨頭，但令人意想不到的是體型小得多的貓咪，骨骼卻多達230塊，組成結構也隱藏著很多祕密喔！

祕密1

貓咪的脊椎骨多達30塊，比人類多，才能把身體伸得長長的。

祕密2

貓咪身體的關節，在每塊骨頭的軟骨和韌帶之間，比其他動物柔軟，所以貓能像彈簧一樣，把身體拉來拉去的。

祕密3

貓咪垂垂的小肚肚不是胖，其實這是名為「原始袋」的特別皮膚組織，可以讓貓咪的身體有更多的伸展空間，這樣可以跑得更快、跳得更高唷！

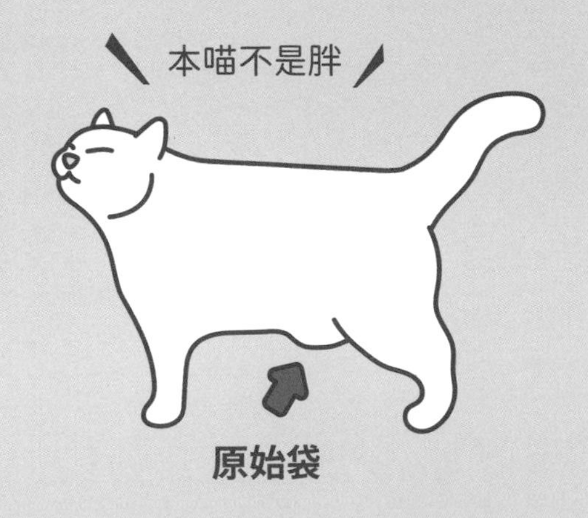

第8話 液體貓可以喝嗎？

親愛的 Kuroro，貓咪到底是什麼做的呢？因為不但能穿過超小的縫縫，還可以把自己塞進任何容器中，真的好神奇啊！

你們知道嗎？其實我們貓是液態的喲！
這次我們邀請到「液體學科學家」來爲大家講解！

貓星專家出場

個人檔案 PROFILE

液體學科學家

少數能達到100% 液體化的專家，
最為大家津津樂道的，
就是以用桶裝啤酒出場的姿態聞名，
同時也是舉辦液體貓大賽的創始人。

喵星代號 Kuroro No.66666

個人特殊能力

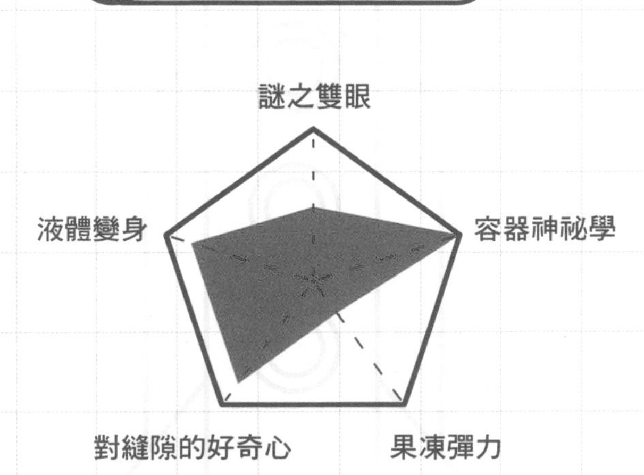

液體貓祕密大公開

根據 Kuroro 地球觀察報告記載，最近貓界又有發現，原來貓咪不是什麼哺乳類動物，而是一種「液體」，因為他能隨著環境、容器改變身型和柔軟度，和水根本沒兩樣啊！為了佐證這個新發現，就讓我們跟著液體學科學家一起來好好觀察一下吧！

液體貓三大型態

據說貓咪的液化程度，可依照柔軟度可以大致分三種型態，你都看過了嗎？

型態 1：狀湯圓差不多狀態

型態 2：液化成布丁般Q軟

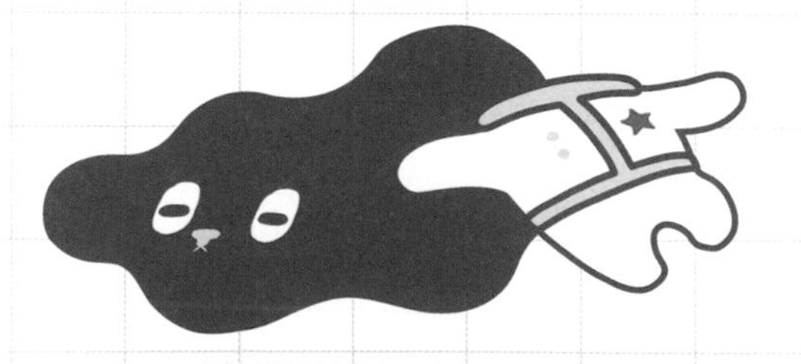

型態 3：液化到和水一樣程度

原來如此，那我下次喝水前要先看清楚啦！

貓咪如何完成液體化？

接下來要爲大家解說，貓咪究竟是如何達成液體化的呢？

這時液體學專家拿出了無痛細胞針筒，遞給 Kuroro……

我們的脂肪是由一堆可愛的小細胞所拼湊的，它們能因應不同環境變形喔～來～輕輕的壓壓看～

哇～我們的細胞好有彈性呀！

貓咪行為小劇場

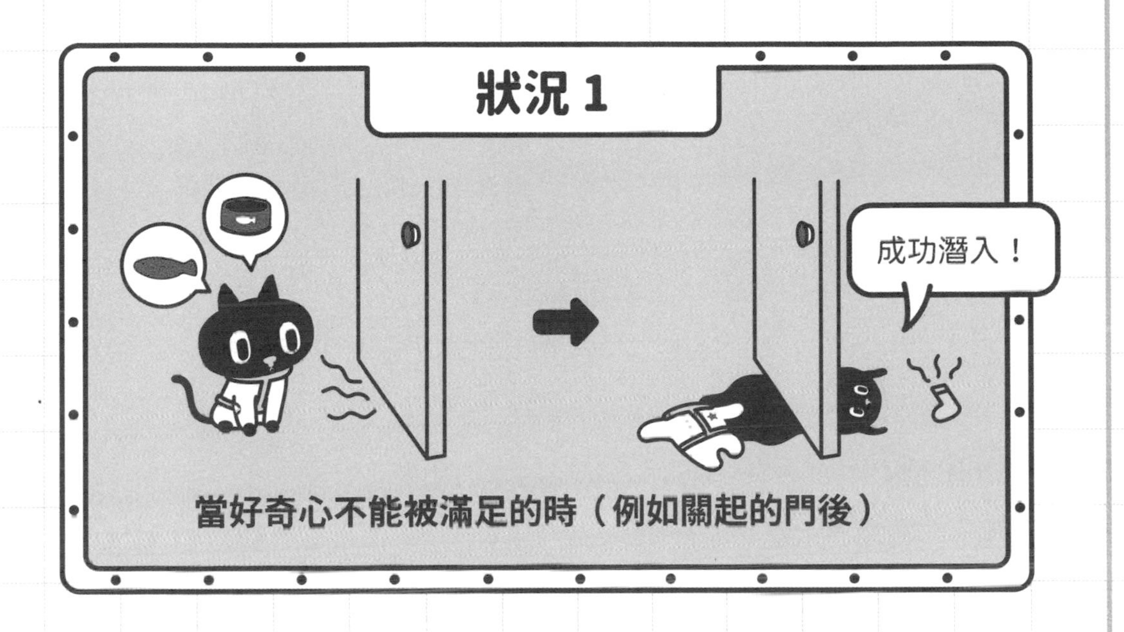

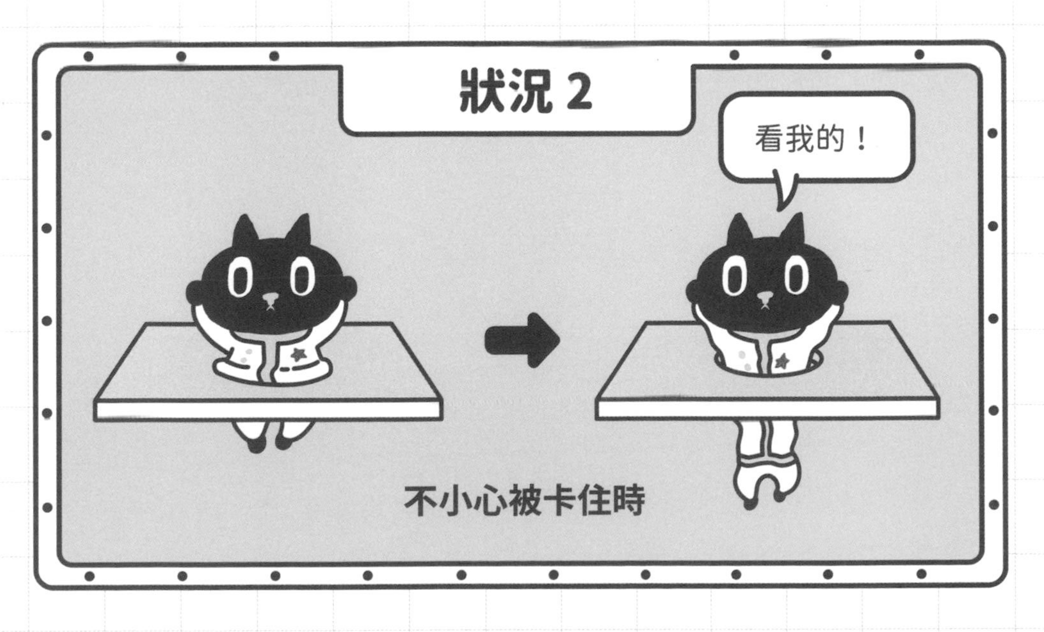

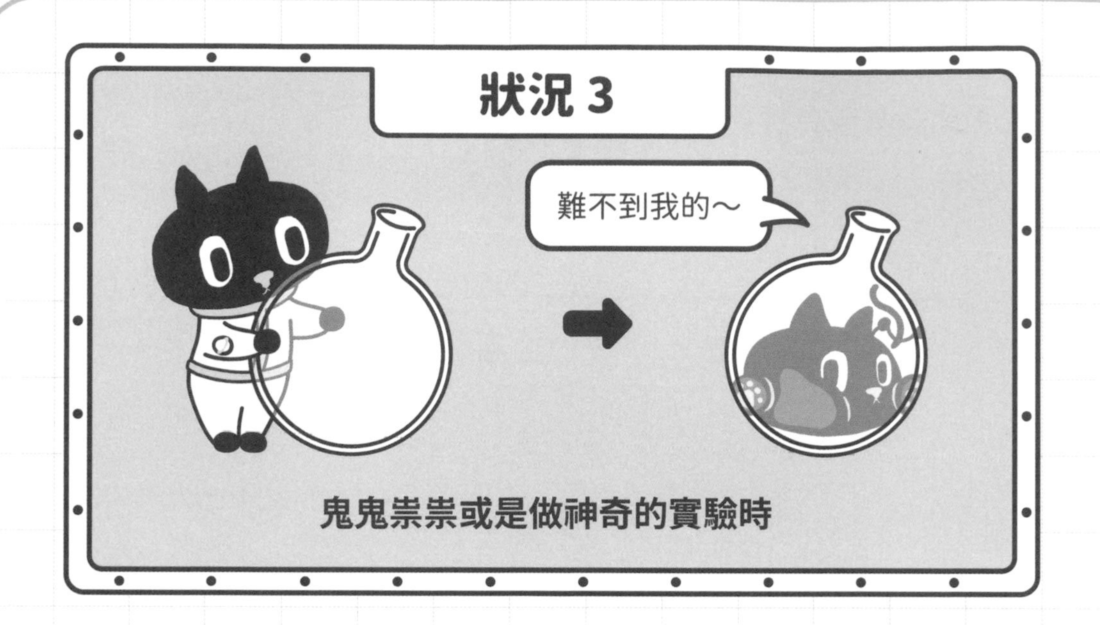

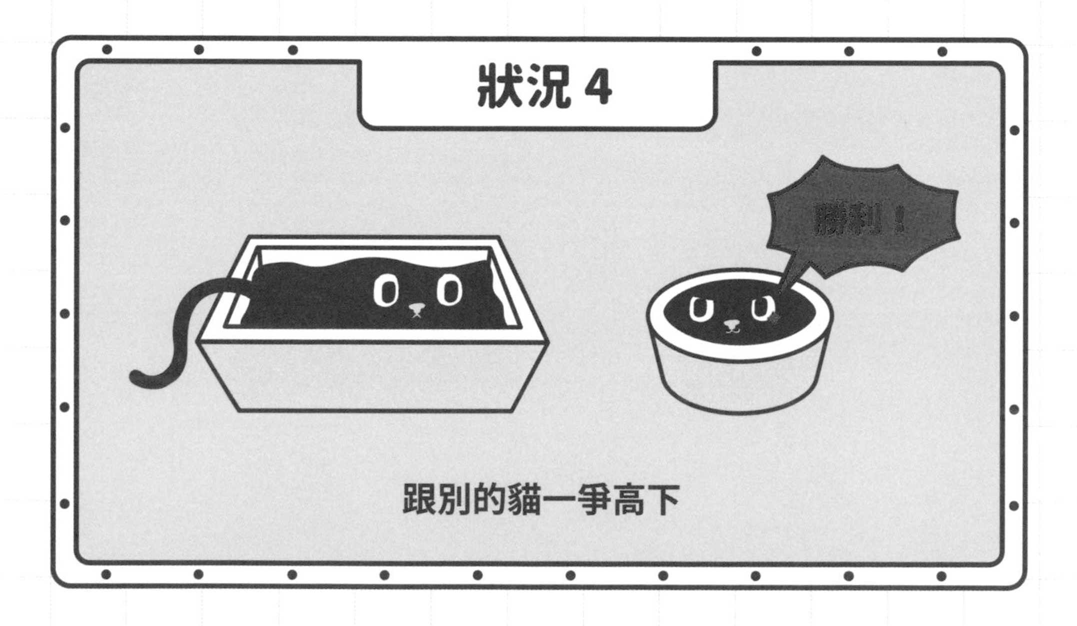

法國學者Marc-Antoine Fardin 突發奇想，以「底波拉數」（Deborah Number）研究貓究竟是「液體還是固體」，因而獲得2017年搞笑諾貝爾物理學獎喔！

專家，聽說你一直以液體形態生活，是嗎？

是的，我爲了要要將液體貓的研究精神，發揮到極致，還特別聘請貼身助理打理生活起居！

哇！你實在太……偉大了！聽說最近要舉行「液體貓大賽」，那像我這麼資淺的貓咪，也可以報名嗎？

當然，Kuroro！歡迎所有宇宙的貓咪都來參加！比賽非常好玩，還有超級大獎喔！

那我……要趕緊……練功了！（努力塞進容器）

貓知識認真說

喵星人的固液態之謎

真的假的？研究液體貓竟然還可以拿到搞笑諾貝爾獎！看完了 Kuroro 對液體貓的觀察報告，接下來就來了解地球人是怎麼證明貓可以是液體這件事吧！

先確認液體定義

液體是物質的四個基本狀態之一，沒有固定的形狀，但有一定體積，具有移動與轉動等運動性。

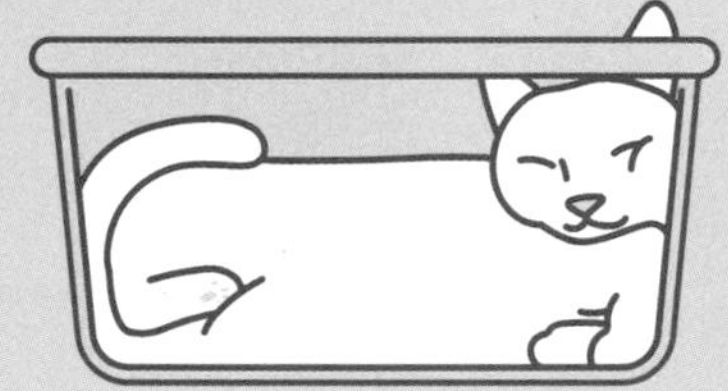

用科學證明貓是流體

底波拉數是用來描述物體在特定條件下的流動性。
如果數值越小，就越接近流體；數值越高時，則越接近固體。

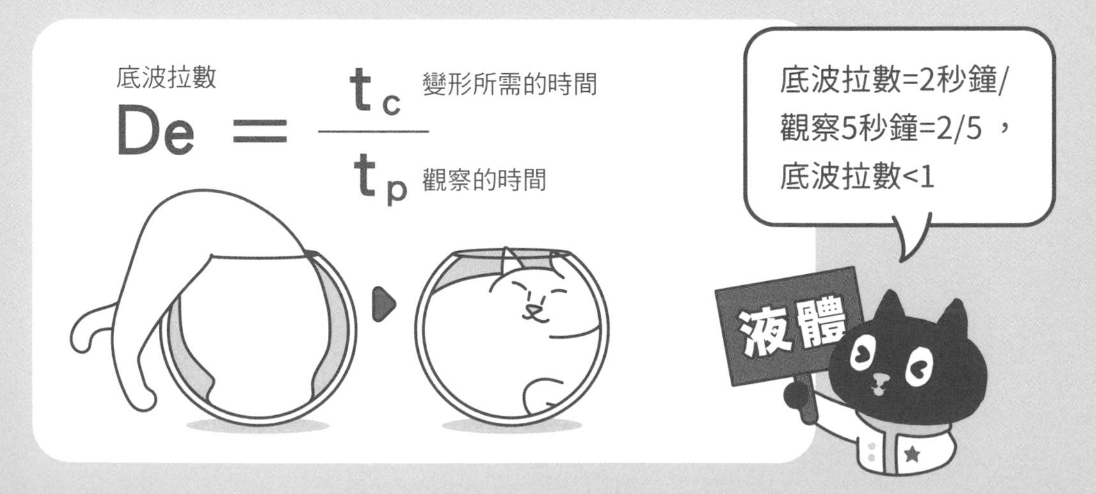

脊柱中纖維軟骨幫大忙

貓咪有柔韌的軟體，因而能輕鬆鑽進並適應各種容器，就像液體一樣，體積固定，裝入什麼容器，就變成什麼樣。

擠進小空間

貓咪鎖骨沒有跟肩胛骨連結，呈浮動狀態，因而能做出柔軟的動作，擠進任何空間。

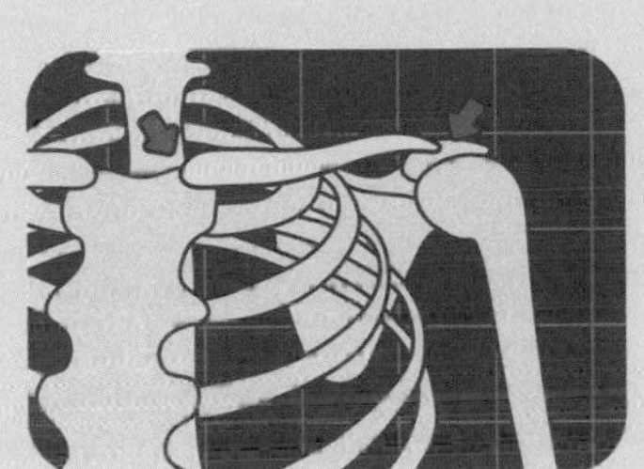
人類

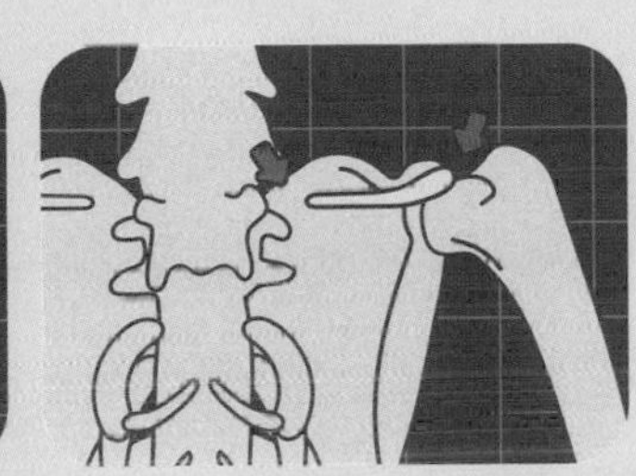
貓咪

旋轉跳躍難不倒

貓咪脊椎骨較多而且間距寬，能夠完成高難度動作。

貓咪是固體也是液體

物理學家用流變學（Rheology）解釋貓的種種特異技能，還特別寫了篇論文，獲得了2017年搞笑諾貝爾獎的物理學獎。

不過貓確定不是流體，只是牠們的骨骼構造很特別，才能鑽進並適應各種容器，就像液體的水一樣，而這點也是那位物理學家最後提出的結論。

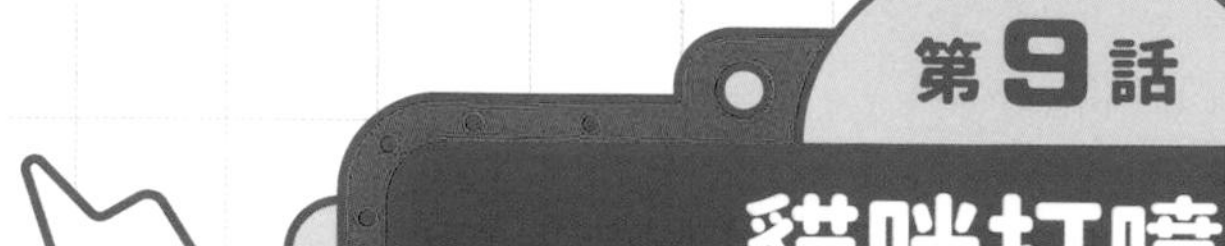

第9話

貓咪打噴嚏有什麼神祕暗示嗎？

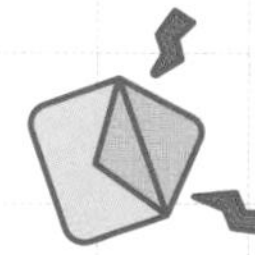

親愛的 Kuroro，最近早晚氣溫變化大，我們家的貓咪打噴嚏的次數變好多啊！這是在暗示我什麼嗎？

貓咪打噴嚏除了爲了抵制細菌病毒外，還有很多神祕功能喔！歡迎貓鼻子觀察科學家來好好介紹！

貓星專家出場

個人檔案 PROFILE

貓鼻子觀察科學家

長期爲了流鼻涕而困擾，
因得了「鼻涕飛船失靈症」，
而深入研究貓咪鼻子的所有祕密，
配戴著一副擁有顯微鏡功能的厚重眼鏡？

喵星代號 Kuroro No.01560

個人特殊能力

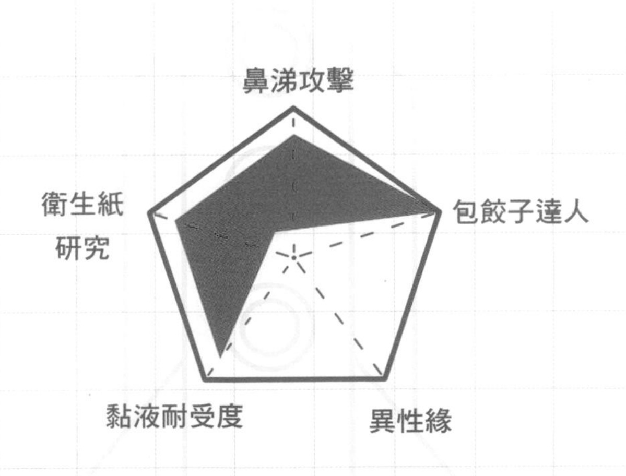

貓噴嚏祕密大公開！

根據 Kuroro 地球觀察報告記載，貓咪打噴嚏的原因有很多種，如果鏟屎官們以為只是感冒或是過敏就太單純啦！現在就讓地球特派員 Kuroro 和貓鼻子觀察科學家帶你一探究竟！

貓咪噴嚏的真相

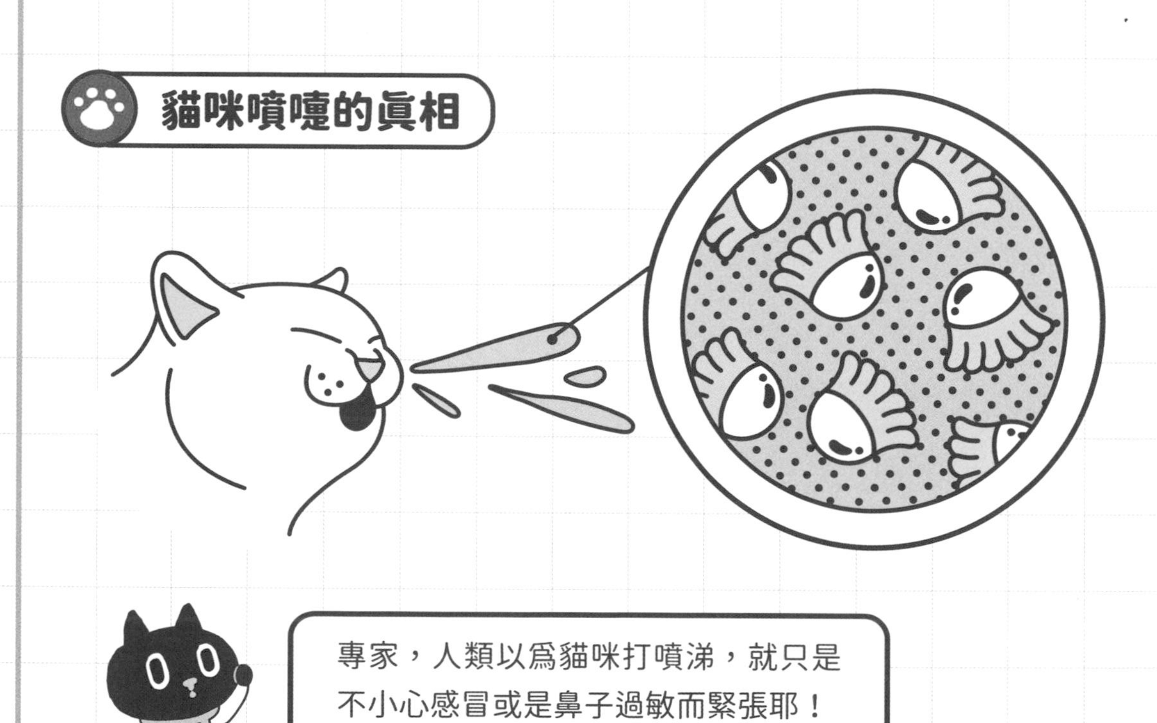

專家，人類以爲貓咪打噴涕，就只是不小心感冒或是鼻子過敏而緊張耶！

其實這個認知並不完全錯誤！不過我們打噴嚏的確有著其他特殊功能喔！

讓我們來看一下鼻涕的內容物！

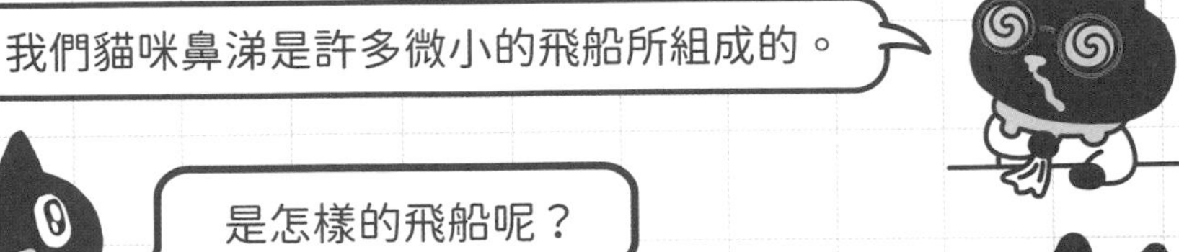

是怎樣的飛船呢？

我們鼻涕內的飛船種類可多得呢！

 貓咪鼻涕飛船的種類

自動駕駛 **尺寸：100奈米**

效能

速度

水母般的外型，主要負責的工作是協助貓咪觀察並蒐集人類的情報，並回傳給貓星球總部！

報告總部！
最近人類有越來越愛看手機的趨勢，大家都整天對著小小的螢幕晃來晃去！

★戰鬥飛船★

自動駕駛 **尺寸：10奈米**

效能

速度

炮彈般的外型，具有強大的攻擊力。當貓咪感受到四周出現強烈的病毒或細菌時，會噴射出戰鬥飛船保護自己。

專家，那我們鼻涕飛船是從哪裡來的呢？

★ 食物搜查飛船 ★

自動駕駛 **尺寸：500奈米**

效能

速度

像貓鼻子一樣的外觀，並搭配了先進的探測儀器。對於味道非常敏銳，貓咪在外面進行祕密任務時，食物搜索飛船可幫上非常多忙。

我們的鼻涕飛船當然是來自我們的鼻腔啊！
至於製造的方式就讓我來跟你好好介紹吧！

貓咪鼻子內的飛船艙

根據貓鼻子科學家的研究，貓咪的鼻涕飛船來自貓咪的鼻腔，鼻腔裡有個飛船艙，能替貓咪製造源源不絕的飛船。

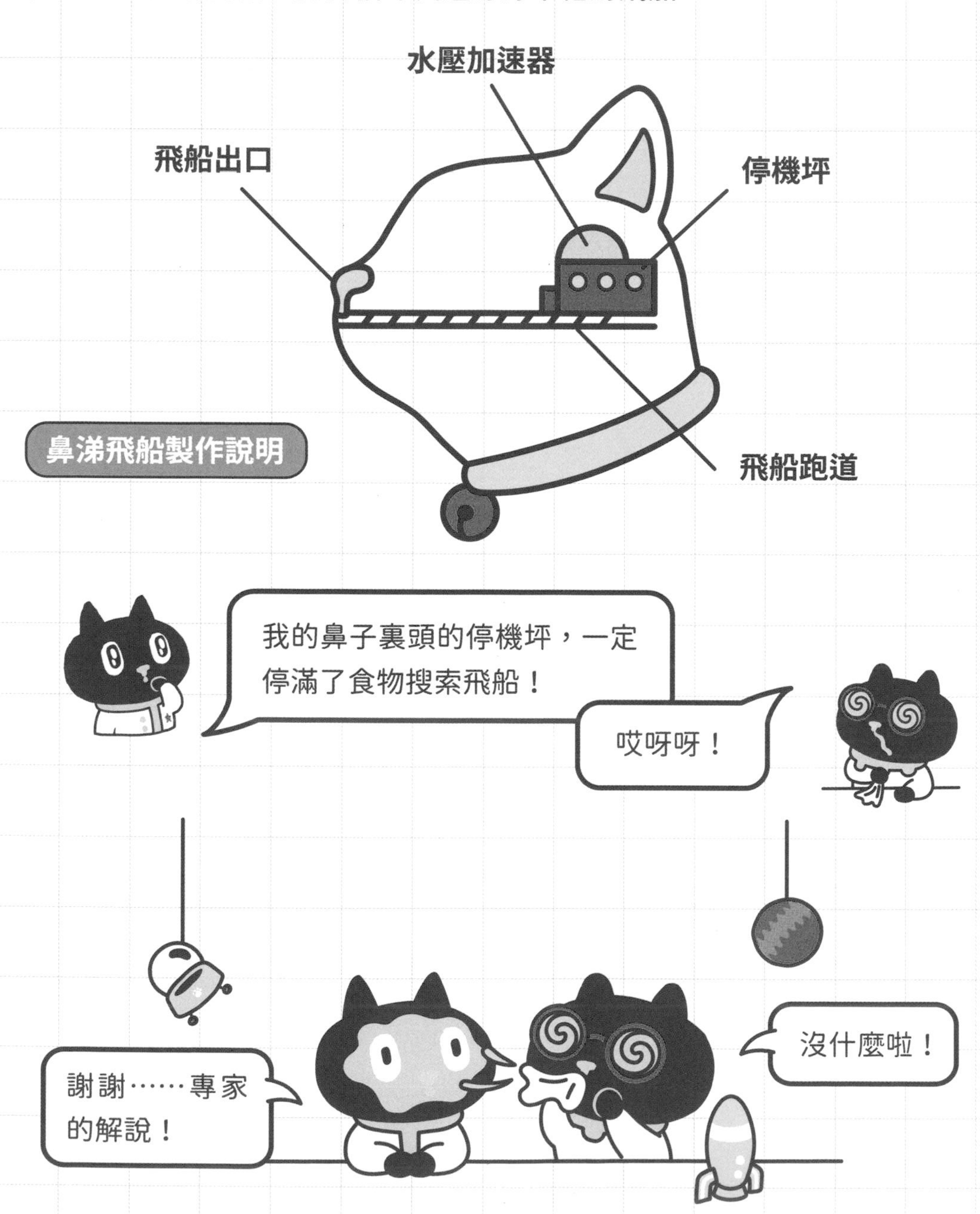

專家，你一天到晚流鼻涕，肯定對「衛生紙」很有研究！你有沒有特別推薦哪一牌的衛生紙呢？

衛生紙眞是個永遠研究不完的領域呢！我目前親自測過市面上的所有的衛生紙後，決定親自研發「柔軟細嫩、絕不會鼻子癢癢乾乾脫皮的超治癒衛生紙！」命名爲——天使之吻衛生紙。

天使之吻！！哇嗚感覺就好舒服！

呵呵呵～有了它，就能使你的鼻子重獲新生喔！

貓知識認真說

貓咪打噴嚏的原因

哈啾！哈啾！人和貓的鼻子在受到刺激時，都會打噴嚏，這是怕異物入侵、阻塞呼吸系統的防禦機制；另外當病毒感染時，也會出現打噴 的症狀。接下來就跟大家介紹更多地球人對於貓咪打噴嚏的觀察吧！

東西跑進鼻子

貓咪和人一樣，有東西跑進或當有異物靠近鼻子，鼻子受到刺激，就會開啟防禦機制——哈啾一聲，將異物驅離。

感冒打噴嚏

別看貓咪整天跑來跑去、跳上跳下很有活力，其實牠們也會生病感冒，尤其是在溫差大、季節交替時，也是跟我們人類一樣很容易生病喔！

一直打噴嚏，可能病毒感染發炎

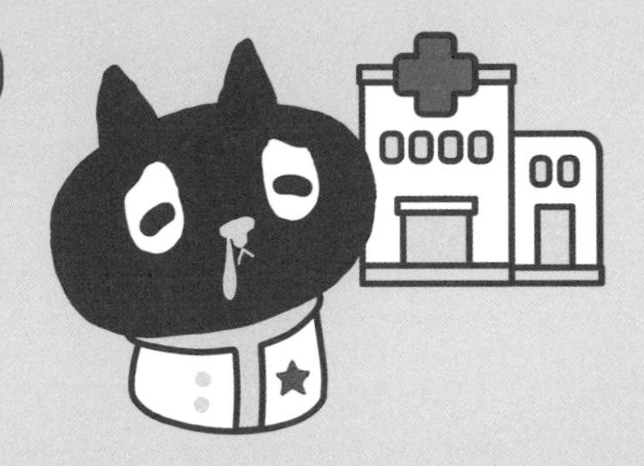

若貓咪持續打噴嚏，還伴隨眼屎增加、流鼻水等症狀，就有可能是病毒引起的鼻氣管方面的發炎，需要特別留意，並帶貓咪盡快就醫。

糟了，貓卡里西病毒感染

「貓卡里西病毒」是貓咪間常見的傳染病，傳染性高，會造成貓咪呼吸道感染。因此也會有打噴嚏的症狀出現，甚至還會造成貓咪的口腔潰瘍。

幫貓咪的健康把關

貓咪是很會忍耐的生物，因此為了避免貓咪生病而沒發現，1歲以後的成年貓，最好每年做1次健康檢查；7歲以上的熟齡貓，建議半年1次，如果經濟負擔較大，則建議至少1年1次；10歲以上的貓爺爺奶奶，最好要半年1次較好。

為了讓大家注意貓咪的身體健康，美國獸醫醫學協會特別把每年的8月22日訂為「貓咪健檢日」，希望大家都能帶家裡的愛貓來做做身體檢查喔！

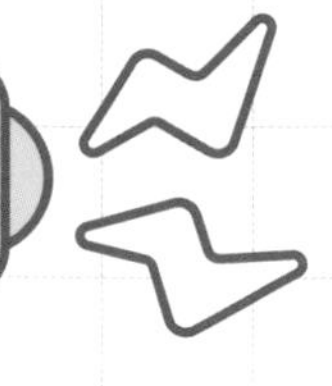

第10話 貓咪為什麼喜歡磨爪子？

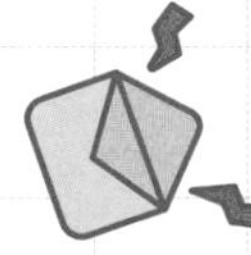

親愛的 Kuroro，我們家的貓咪經常在紙箱、門邊，還有貓抓板上拚命抓啊抓，他到底在忙什麼啊？

抓啊抓啊抓！我們貓咪最喜歡磨爪子了！想要知道爪子對貓咪到底有多重要嗎？一起歡迎貓爪爪學家「芬蒂」出場！

貓星專家出場

個人檔案 PROFILE

貓爪爪學家

深入鑽研貓爪多年，
寫出許多貓爪學相關報告，
平時還與「貓星愛心協會」合作，
販售愛心畫作，幫助弱勢的流浪貓。
大家都叫她——芬蒂 。

喵星代號 Kuroro No.88113

個人特殊能力

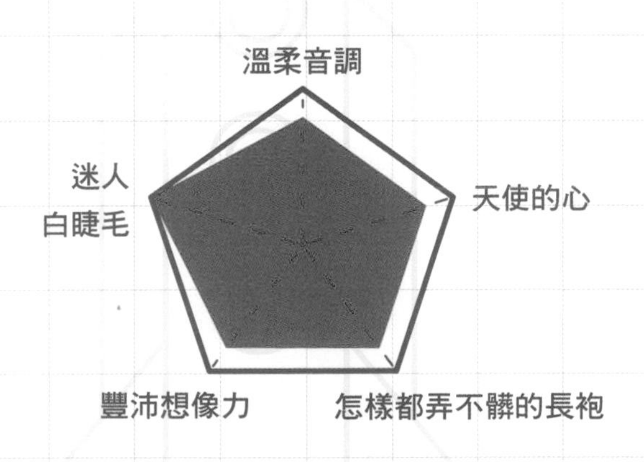

貓磨爪子的原因大公開！

根據 Kuroro 地球觀察報告，只要貓咪們擁有一副健康美麗的爪子，無論行動、生活都會大大不同喔！所以貓咪才會三不五時的磨爪子，畢竟這可是很重要又神聖的一件大事！快來聽聽貓爪爪學專家——芬蒂為我們介紹更多貓咪爪子的祕密！

認識貓咪的爪子

我們貓咪的爪子，就像人類的頭髮會自然掉落、磨爪子能幫助代謝老化的角質，保持爪子的銳利並讓新角質負責爪子的日常工作喔！

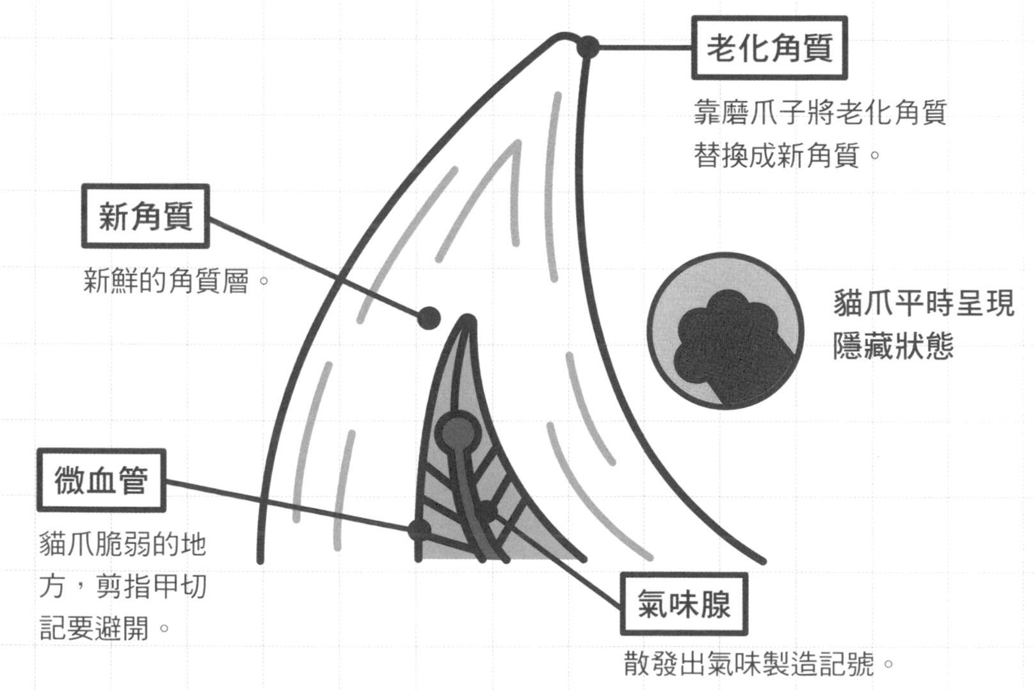

芬蒂，當我們貓咪奮力磨爪子時，人類都誤以爲我們在生氣，其實我們是在做某件事對不對？

嗯！其實貓咪是正在透過磨爪留下記號喔！

貓咪磨爪子其實在做記號

Kuroro 你知道貓星有許多貓職人是透過爪子工作的嗎？

真的喔！說給我聽～芬蒂！

透過貓爪維生的貓咪職人

在貓星有一群專業的雕塑師，
擅長有硬爪雕刻出許多，鬼斧神工的作品！

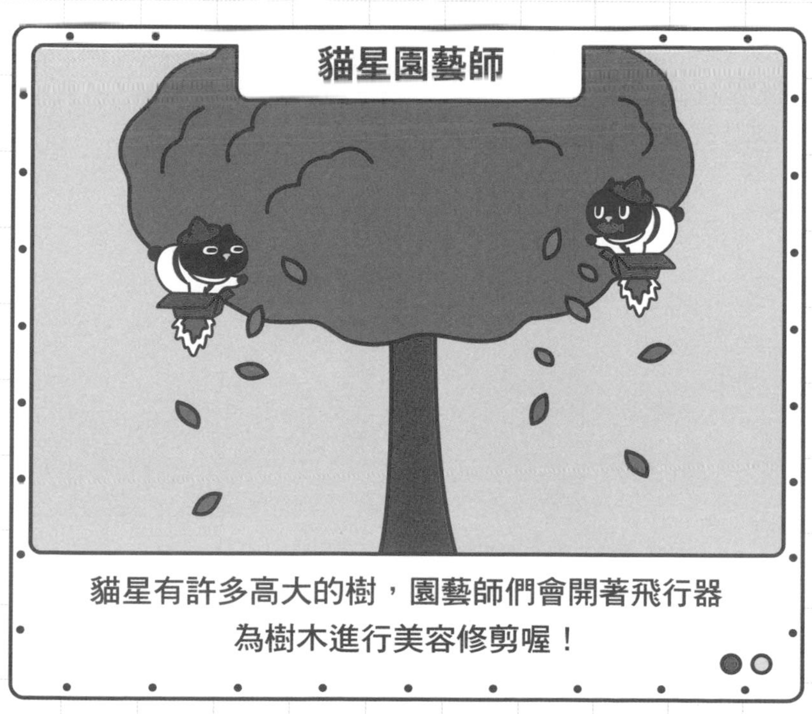

貓星有許多高大的樹，園藝師們會開著飛行器
為樹木進行美容修剪喔！

貓星特級廚師

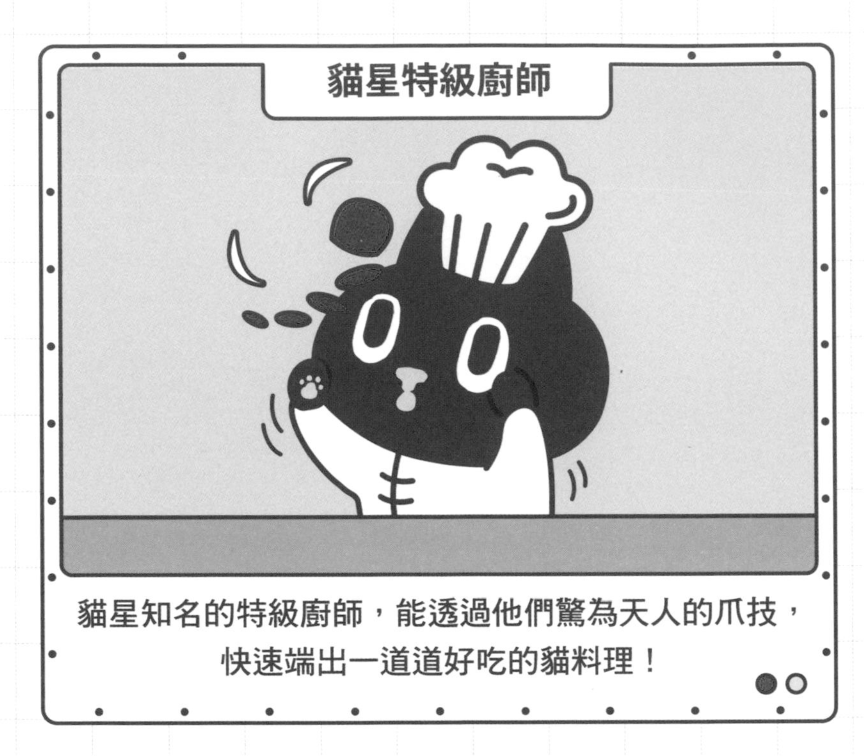

貓星知名的特級廚師，能透過他們驚為天人的爪技，
快速端出一道道好吃的貓料理！

貓星髮型師

當我們的毛髮太長，怎麼舔都舔不好看時，
就會去找貓星髮型師，徹底來個大改造！

除了上述那些，貓星還有少數的情聖大師，
透過快速開罐頭，來獲取芳心呢！

是喔！用貓爪畫畫？

Kuroro，跟你介紹我特別改良的貓爪！

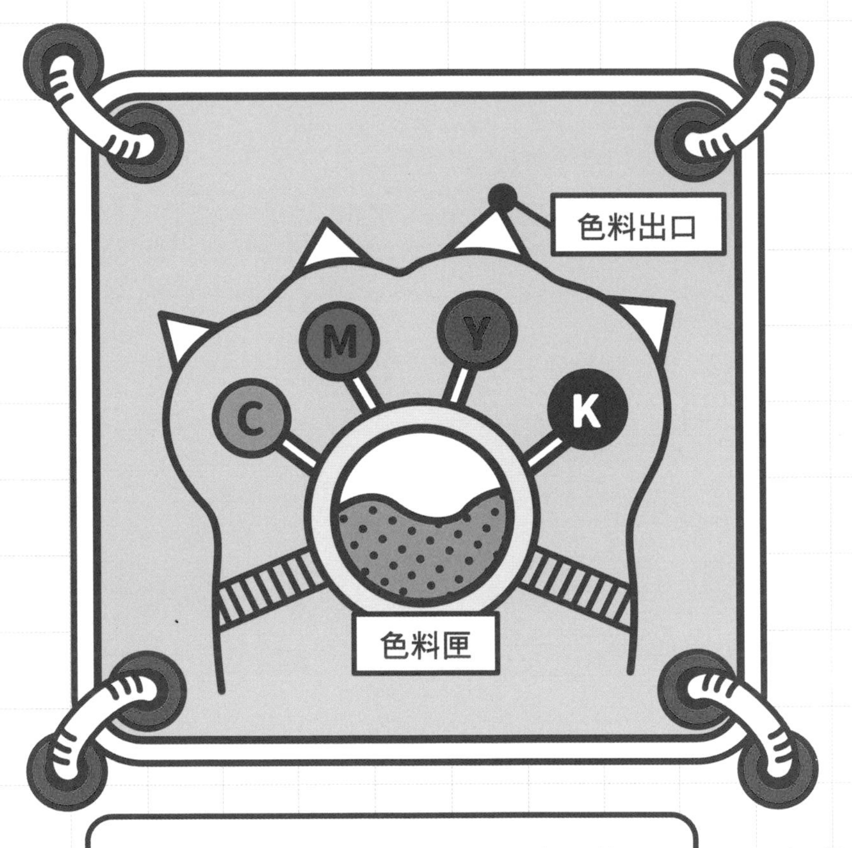

透過我精心打造的顏料爪子，每個指甲都能發射出不同顏料來輕鬆作畫喔！

芬蒂，你太酷了！

聽說芬蒂老師定期會舉辦公益繪畫活動嗎？

對啊！歡迎 Kuroro 帶大家一起來參與喔！只要購買畫作，我們就會捐款給無罐可吃的流浪貓友，希望未來某一天，地球再也沒有流浪貓！

沒問題！我一直好喜歡芬蒂老師呢！

謝謝 Kuroro 支持，我這次特別帶了一幅畫要送你，這幅畫叫做《天堂》。

哇喔～實在是太榮幸啦！

貓知識認真說

收放自如的貓爪

真的假的！？貓咪的爪子居然還可以決定貓咪的職涯？看完地球特派員 Kuroro 的精采介紹，我們繼續看看地球人的觀察吧！

貓咪超愛磨爪子，半夜時貓抓板或是沙發棉被常傳來拉扯、摩擦的聲音……這並不是什麼稀奇的行為，甚至就像吃飯一樣的稀鬆平常，會有這樣「天生」的行為，也有一些原因。

磨刀霍霍打獵去

具有狩獵天性的貓，爪子就是牠的武器，隨時將武器準備妥當，是保護自己重要的技能，時時磨爪子做好準備。

汰舊換新

貓爪子會不斷生長，這時貓會藉由磨爪子這樣的行為，磨掉舊的部分讓新的部分可以外露，如果沒有磨爪，也有可能到刺到可愛的肉墊。

領域標示

貓掌上有腺體，透過抓、磨，貓可以在物品上留下氣味，標示自己的領域，而抓痕也是一種宣示主權的痕跡。

紓解壓力

人類壓力大時可以去運動或打電動，有許多的選擇，而磨爪子是貓紓解壓力的方式之一，抓一抓隨時保持好心情

伸懶腰

貓磨爪子可以伸展背部肌肉，就像伸懶腰一樣舒服。下回不妨觀察一下，貓咪在棉被或沙發抓抓完，是不是會拱拱背般像做瑜伽貓，或是拉伸動作。

伸縮自如的貓爪子

狗和貓都有爪子，不一樣的是貓的爪子平時會收起來，避免磨損、變鈍，以利狩獵時使用。另外，爪子藏起來也能夠避免走路發出聲音，利於悄悄靠近獵物。

至於為什麼貓的爪子能夠收起來？其實，與其說收起爪子來，更像如折疊刀一樣折疊起來，這是因為貓的指骨構造特別，有條肌腱連著腳後面的肌肉，平常呈放鬆狀態，指甲就會收起來，需要的時候才會伸出來。

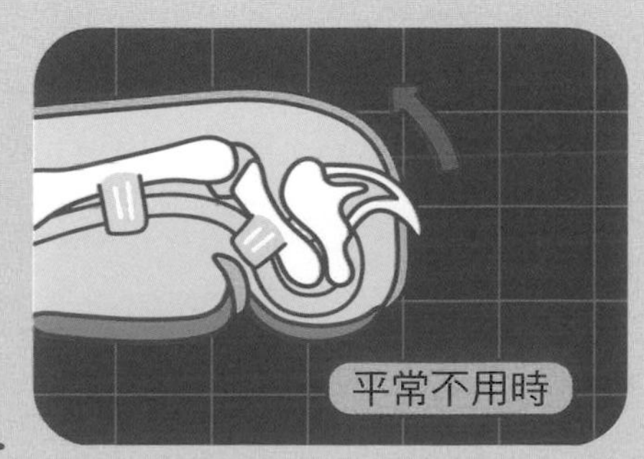

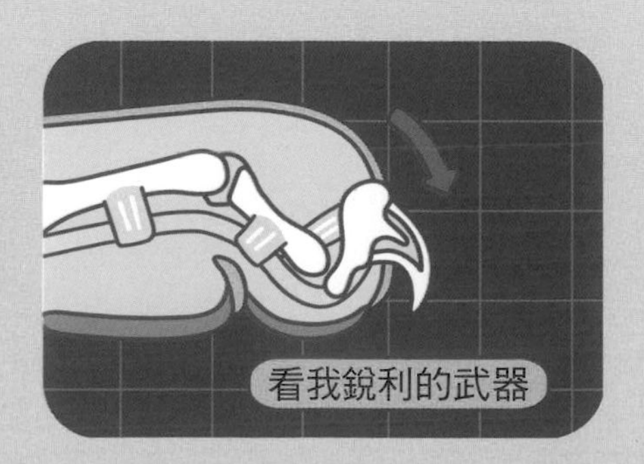

休息時間 II

貓的吃、不吃、不能吃

家裡的愛貓餓得喵喵叫（吼），快準備好餐點雙手奉上。
不過，貓咪的飲食營養與重點，你真的清楚嗎?

沒錯，貓咪就是要吃肉！

貓咪跟所有的貓科動物一樣，都是肉食性動物，肉才是他們生存所需的營養來源。而且天生就尖銳的牙齒，就是為了撕裂肉類。千萬不要以為多吃澱粉才會飽、多吃蔬菜才健康，這樣反而會讓他們身體出問題喔！

吃乾的還是吃溼的？

很多人會不知道怎麼選擇該給貓咪吃乾飼料還是吃溼食，來看下表的比較：

	乾飼料	溼食
優點	保存期限長、餵食容易、有清潔牙齒效果	水分含量高、蛋白質含量高
缺點	含水量低、碳水化合物成分過高	容易腐壞變質、費用較高

這樣愛他是害他啦！

把自己愛吃的東西跟貓咪分享，這樣可能不是愛他，是害死他喔！

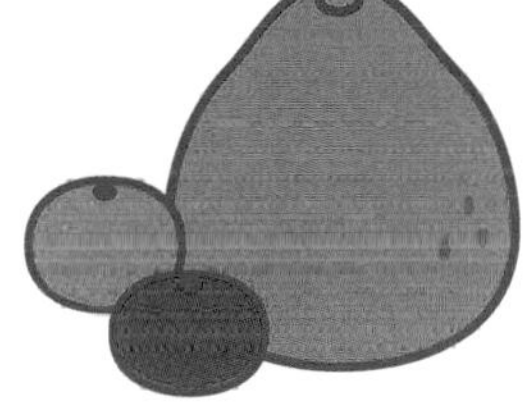

火腿炸雞

來一顆鮮肉丸子

動手試試看，為貓咪搓一頓鮮肉丸子大餐吧！

材料： 雞胸肉、南瓜、雞蛋、貓咪喜歡的零食

步驟：

❶將雞胸肉剁成泥狀、南瓜切塊蒸熟、雞蛋打勻

❷將所有材料均勻攪拌在一起。

❸燒一鍋水，等水滾用湯匙舀入步驟❷食材後，用筷子撥入滾水中，浮起就可以撈出喔！

小提醒：

貓咪未必馬上就能接受鮮食，可以搭配平常所吃的東西一起喔。雞胸肉可以替換成貓咪喜歡的肉類如鮭魚、虱目魚，南瓜可以換成胡蘿蔔、玉米等貓咪可以接受的蔬菜。

休息一下，更精采的節目即將登場！

今天的節目還喜歡嗎？

在這集的節目中，我們認識了很多貓咪身體結構的奇妙之處，接下來要為大家分享關於貓咪「日常行為」的科學之謎，我身後的貓咪科學家們早已迫不及待出場，要為大家一解謎惑了～喵！

就讓我們持續支持「貓科學部」的所有貓專家，一起挖掘更多和貓咪相關的有趣知識吧！

再次感謝以下專家參與本節目！下一集
我們會邀請更多厲害的專家上節目喔！

貓體結構科學家

Kuroro 88723號

生活再忙也要記得
伸伸懶腰，拉拉筋骨喔！

貓語科學家

Kuroro 23344號

語言是門高深的藝術
願地球人打破隔閡，
相親相愛。

貓夜視研究專家

Kuroro 08870號

黑暗裡總藏著，
不為人知的祕密……

Kuroro 00111號

守護自己傲人的鬍鬚
別讓外界打倒你！

貓嗅覺科學家

Kuroro 02929號

氣味的臭臭能散去
願你每天心情
不臭臭，永芬芳。

貓耳科學家

Kuroro 55337號

為自己的大耳朵
而驕傲吧～貓咪們！

貓爪爪學家

Kuroro 88113號

盡情揮灑思想的藝術
創作你的人生吧！

液體學專家

Kuroro 66666號

和貓一樣
活得像液體般
悠遊自在。

貓鼻涕專家

Kuroro 01560號

我的溫柔只有衛生紙知道。

貓喝水專家

Kuroro 07775號

多喝水，多呼吸
人生就會跟著
清澈起來喔！

猫科学部

KURORO SCIENCE LAB®

知識讀本館

Kuroro 地球觀察報告 1

真的假的？不可思議的貓科學
喵星人身體結構大公開

文・圖｜Kuroro 地球總部
審定｜林士傑獸醫師（小林先生×東洋獸醫科版主）
責任編輯｜詹嬿馨　美術設計｜李潔　行銷企劃｜王予農

天下雜誌群創辦人｜殷允芃
董事長兼執行長｜何琦瑜
媒體暨產品事業群
總經理｜游玉雪
副總經理｜林彥傑
總編輯｜林欣靜
行銷總監｜林育菁
版權主任｜何晨瑋、黃微真

出版者｜親子天下股份有限公司
地址｜台北市104建國北路一段96號4樓
電話｜（02）2509-2800　傳真｜（02）2509-2462
網址｜www.parenting.com.tw
讀者服務專線｜（02）2662-0332　週一～週五：09:00~17:30
傳真｜（02）2662-6048　客服信箱｜parenting@cw.com.tw
法律顧問｜台英國際商務法律事務所・羅明通律師
製版印刷｜中原造像股份有限公司
總經銷｜大和圖書有限公司　電話：（02）8990-2588

出版日期｜2023年8月第一版第一次印行
定價｜340元
書號｜BKKKC249P
ISBN｜978-626-305-539-1（平裝）

訂購服務
親子天下 Shopping｜shopping.parenting.com.tw
海外・大量訂購｜parenting@cw.com.tw
書香花園｜台北市建國北路二段6巷11號　電話｜（02）2506-1635
劃撥帳號｜50331356　親子天下股份有限公司

國家圖書館出版品預行編目資料

真的假的？不可思議的貓科學／Kuroro 地球總部 文・圖；-- 第一版. -- 臺北市：親子天下股份有限公司；2023.08；136面；17 x 23公分公分. -- (Kuroro地球觀察報告 1)
ISBN 978-626-305-539-1(平裝)
1.CST: 貓 2.CST: 哺乳動物 3.CST: 通俗作品

389.818　　112010851

立即購買 >

NGC6543

22222°